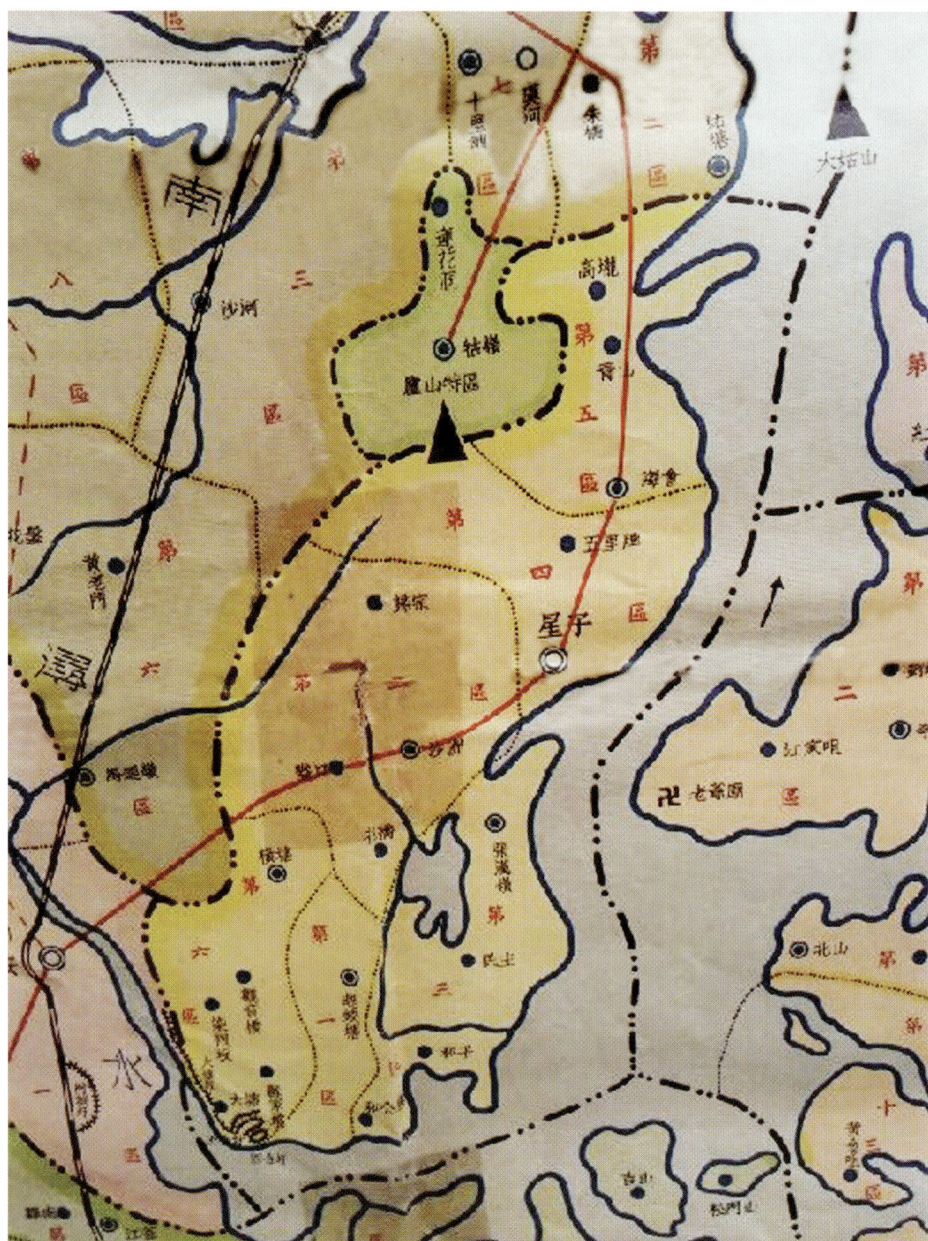

星子县地图（1956年）

星子历史文化丛书

著
徐青玲

星子人物

江西人民出版社
Jiangxi People's Publishing House
全国百佳出版社

星子县行政区划图

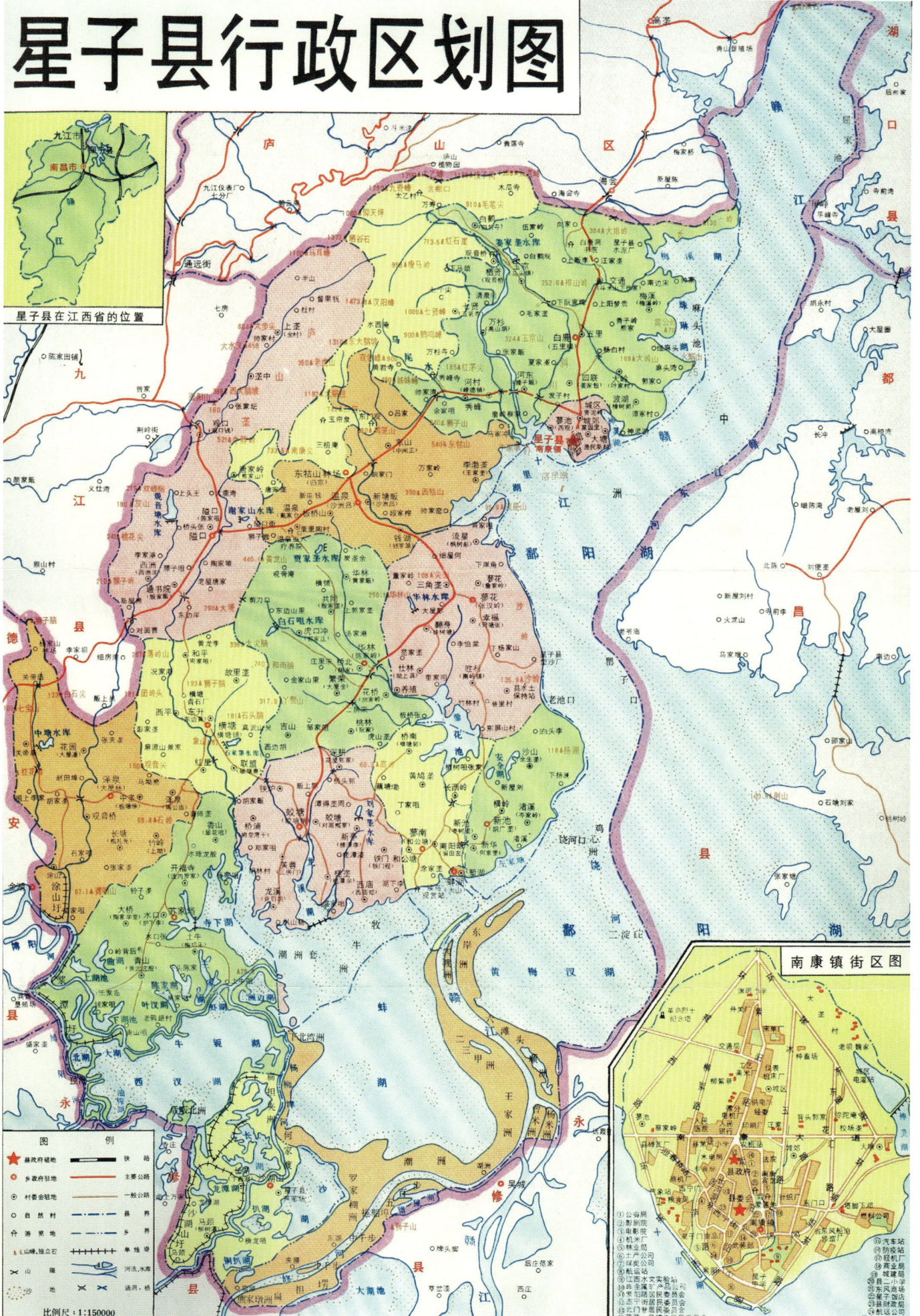

星子县行政区划图（1986年12月）

总序

匡庐之南，彭蠡之滨，是我的故乡星子县。

"庐山之美在山南。"上初中时读王勃的《滕王阁序》，我对之就有所领悟。少时见识少，何以能对此文心领神会？实因王勃所描绘的，就是我家乡的山光水色。

王勃状景抒情，其文如一幅绝妙的"湖山胜景图"。他从大处着眼，写滕王阁所处的鄱阳湖和庐山风景："遥襟俯畅""逸兴遄飞"，以其特有之想象力，高瞻远瞩，不限于他在南昌赣江畔的所见所闻。细察实景，王勃所描绘的景色，唯庐山脚下、鄱阳湖岸边的星子县具备。试看："潦水尽而寒潭清，烟光凝而暮山紫""层峦耸翠，上出重霄""落霞与孤鹜齐飞，秋水共长天一色""渔舟唱晚，响穷彭蠡之滨；雁阵惊寒，声断衡阳之浦"，能切合这妙文的，家乡星子当之无愧。

星子山川灵秀，自古以来名流墨客，或来此为官作宰，或过访游览，不可胜数。星子素称"名贤过化"之地：陶渊明在这里躬耕隐居；李白、苏东坡来此吟诗咏词；佛印在此修行礼佛；周敦颐在此凿池种莲；朱熹来此开民智、办书院；王阳明在此勒石记功……这些文人雅士，或教化一方，或咏唱山水，其所作所为、所记所述，使星子人文昌盛，文化气息厚重。

今欣逢盛世，国家正大力加强社会主义文化建设。为了弘扬中华优秀传统文化，阐述优秀传统文化的时代价值，星子县一些文史研究工作者商议编写一部"山南历史文化丛书"，以发掘家乡被岁月湮没的历史文化。丛书分官宦人物、风俗民情、诗文碑刻、村镇寺院等数集，将正史、方志所不载或未能细述之史事尽收书中。2016年5月，星子县与庐山合并，原定的"山南历史文化丛书"遂改名为"星子历史文化丛书"。

从2015年到2018年，数年时间内，作者们爬梳旧典，探幽发微，搜集、调查、整理，经过艰辛努力，克服重重困难，终于完成书稿。作者们将故园之思、家国之情融入书中，他们不辞辛苦、不计报酬、乐于奉献的精神，值得赞许。

为了使书稿顺利出版，北京景天国际旅游开发有限公司总经理景艳金先生慷慨解囊，鼎力相助。但愿有更多像景艳金先生这样不乏文化视野的企业家投身于家乡的文化事业。

今书稿已成，即将付梓，这是家乡文化史上一件盛事。相信此书出版发行后，将流传久远，足慰编者初心，长供后人查考。对传承优秀历史文化，自有积极意义。可喜，可赞，可贺！

值此丛书即将出版之际，我不揣文陋笔拙，撰此短文，聊以为序，并赋小诗一首，以志庆贺：

故土长牵家国情，

吾乡秀色自天成。

名贤过化千秋事，

入卷堪添史上声。

余松生

戊戌四月(2018年5月)

（余松生，江西星子县人，曾任中共九江市委副书记、市纪委书记）

序

星子自建县设府以来，来此探幽访胜和为宦者数不胜数。其间名流之多，人数之庞，令人讶异。星子本地虽然出了大诗人陶渊明，但渊明之后，星子则少有载入史传的人物。明代大才子解缙注意到这一点，他为县城的"庐阳书屋"作记时写道：

"朱文公（朱熹）在南康创白鹿书院，当时学者皆四方之士，其出于南康者甚少。然余窃怪：夫陶彭泽高风在前，刘凝之之壮节，周濂溪之道学，相望而起居于其间。而又有若南轩张公（张栻），相继守兹土而作新之，而尚不能与他郡比隆，兹非可怪欤？岂郁积于山水之间清淑之气，将久而后发欤？抑地僻而民少欤？与天游者人莫窥其际，故不屑与民物争而中有独得者欤？"（同治《星子县志》）

解缙的星子人才之问，似乎在自问自答，他猜测的三种原因，也许都有道理。但在明以前的宋元时期，星子还是有及第的举人与进士，尽管人少。人少的缘由，从朱熹一段话中可能找到一二。朱熹在《应诏封事》里谈到星子的现状说：此地"土地瘠薄，生物不畅"，"人民稀少"，百姓"一有水旱，则扶老携幼，流移四出，视其田庐，无异逆旅之舍"。安居才能乐业，土地贫瘠，又地处军事要津，易受兵燹与洪涝之灾，自然影响人民的生活与人才的成长。

到了明清时期，星子人有了相对稳定的生活环境，又是南康府"首善"之地，所以有利于人才的养育。据二十世纪八十年代调查,星子70%以上的村庄都是明代搬迁而来的,故明清与近现代,星子屡有人才脱颖而出,科举及第的进士、举人也较明代以前多,有的还颇有名气。应了解缙所说:"山水之间清淑之气","久而后发"。秀美的山水与不断涌现的人才,星子已算得上是"地灵人杰"。

徐青玲女士这本《星子人物》,向人们介绍了星子古往今来较为有名的人物。除了人们熟知的陶渊明、陶尚德、曹龙树,还有元代的高僧祖訚(yín)、明代的宋之盛、清代的潘先珍,近现代的胡德兰、胡德畛、龚炳章……书中人物的社会身份也不尽相同:有诗文大家、名臣廉吏;有革命先烈、社会贤达;还有高僧大德、能工巧匠、杏林圣手……

青玲女士为徐新杰先生之女,新杰先生撰文治史,在星子颇有建树。因而青玲女士不乏家学渊源,她从小耳濡目染,加上自己的勤奋,终能女承父业,父女俩同在文史领域内耕耘。她写的这本书,值得人们一读。

查筱英　徐　萌
2018 年 6 月于星子

(查筱英,星子县人,曾任星子县人大副主任、中华诗词学会会员;徐萌,星子县人,省书法家协会会员,渊明故里书画院院长)

凡　例

一、本丛书坚持实事求是地记述有关星子县的历史与文化。

二、丛书记事上自北宋太平兴国三年(978年)星子立县，下至2016年星子县与庐山合并，成立庐山市。

三、由于行政区域常有变化，除《战事纪略》与《摩崖碑刻》外，本丛书所述地域历史以中华人民共和国成立后最早的行政区域为本。

四、丛书保留原资料所载及当地习惯使用的计量单位斤、亩、里、公里等。

五、丛书中民国以前的纪年均用历史纪年，并在括号内注明公元纪年，民国及中华人民共和国成立后一律用公元纪年。

六、丛书所采用各种资料来源于档案馆档案、历代史志、谱牒、报刊、专著，以及有关人士回忆资料。为节省篇幅，未一一注明出处。

目　录

晋　代

翟　汤

中华民族自从有文字记载的历史时期起,便有了关于隐与隐士的传说和记载。三皇五帝时的隐逸之风,带有很重的传奇色彩。庄子的《逍遥游》记载尧让天下给许由,许由不受。自这以后各个朝代各个地方皆有隐士出现。在魏晋南北朝时隐士更是成风,而庐山也正因为文人、隐士让它的历史底蕴更厚重。

西晋末年,时局动荡,干戈相寻,民不聊生,玄学盛行。不少读书人和士大夫为逃避乱世而厌弃仕途,借隐居以终其身,那时庐山开始成为隐居胜地。晋宋期间,庐山隐士以"翟家四世(翟汤祖孙)"和"浔阳三隐(陶渊明、周续之、刘遗民)"最为著名。

"庐山东南五老峰,青天削出金芙蓉。"在庐山五老峰下有天下第六泉的观音桥,从观音桥里往下走几里路到玉京大队,再往里走,有一个村庄叫翟家垅,这里四面环山,空气清新,往北走上几里便是号称天下四大书院之首的白鹿洞书院。置身翟家垅五老峰面东而坐,良田美池坐落在它的怀抱里,这里地灵人杰,是"浔阳四隐"翟汤、翟庄、翟矫、翟法赐的故居。

翟汤,字道深,浔阳人,生于东晋初年。《晋书·隐逸传·翟汤传》称其"笃行纯素,仁让廉洁,不屑世事,耕而后食。人有馈赠,虽釜庾,一无所受"。王质又云,翟氏汤、庄、矫、法赐四世,以隐行知名,皆柴桑人。司徒王导辟,不就,隐居庐山,成帝时,庾亮荐之,召为国子博士,不起,康帝复以散骑侍中召之,卒辞不赴。翟汤为人敦厚纯朴,仁让廉洁,然不问世事,自耕自食。有人要送他礼物粮食什么的,他都不接受。他的名望传播得很远。他的德行让人敬畏。传说有一次强盗来到翟家垅,刚进村口,有人来报,这是翟汤的屋场,强盗头目听后:"哦,既是翟隐士的村里,他是个有德行的人,不可冒犯,走,回去。"这以后村里再也无人来犯。乡村邻里都很依赖和信服他。他一生不求仕途,性爱山水。东晋初,司徒王导推荐他做官,他推辞不接受,选择隐居庐山。始安太守干宝与翟汤世交甚厚,有通家之谊,见其清贫,特派人送给他一船货物,并叮嘱下吏说:"翟公廉让,你把书信送到后,留下船货就赶快回来。"翟汤无法送回船货,只得把货物变卖,换成绢帛,然后寄还干宝。干宝深为叹服。

晋成帝咸和八年(333年)四月,咸康元年(335年)八月,征西大将军庾亮向皇上上疏推荐他,成帝征他做国子博士,翟汤又婉言谢辞不受。

翟汤虽隐迹山林，不问世事，却关心国家统一大业。建元初，安西将军、荆州刺史庾翼举兵北伐，征讨后赵石虎，大批征发境内的僮奴、宾客当兵服役，特下令主管官吏免除翟汤的调役。翟汤闻知后，将家中仅有几个仆隶悉数交给乡吏，乡吏奉命不接受。翟汤根据调役期限，又及时将仆隶放免，使之成为国家编户，向官府纳税服役。翟汤的名德再次闻于朝廷。为此康帝又征辟他为散骑常侍（康帝建元元年六月壬午初二），翟汤又以年老多病为由坚辞不至。翟汤七十三岁卒于家。受家学渊源的影响，后来翟汤的儿子翟庄、翟庄的儿子翟矫、翟矫的儿子翟法赐，皆德操高尚、学问渊博，但都谢绝朝廷为官。

翟庄，字祖休。从小就以孝顺闻名远近。他继承了父亲翟汤的情操，不喜欢结交趋炎附势之人，不接受他人赠送的钱财，自己种粮自己吃。每每出语不俗，以钓鱼为乐。他只钓鱼不打猎，每当有人问起："渔猎同是害生之事，而先生止去其一，何哉？"翟庄曰："猎自我，钓自物，未能顿尽，故先节其甚者。且夫贪饵吞钩，岂我哉！"时人以为知言。晚节亦不复钓，端居筚门，歠菽饮水。州府礼命及公车征，并不就。年五十六卒。翟庄子翟矫，亦有高操，屡辞辟命。翟矫子翟法赐，孝武帝以散骑郎征，亦不至。世有隐行云。

一家四世隐迹庐山，"翟家四世"成为晋宋期间庐山隐士的著名代表。

陶渊明

　　有人说:"中国有诗人,当推屈与陶。"在中国的文学史上,屈原和陶渊明的诗文很受后人喜爱,若论风骨,首推陶渊明。

　　陶渊明,字元亮,私谥靖节,他是九江星子的乡贤,是江西十大名人之首,是中国的田园诗祖,是世界诗空光耀百代的巨星。东晋哀帝兴宁三

陶渊明画像

年(365年),他诞生在庐山南麓的"上京",即今江西省星子县城西五里玉京山下。

　　陶渊明的曾叔祖,为晋代的名将陶侃。陶渊明的《命子》诗中有"在我中晋,业融长沙。桓桓长沙,伊勋伊德"之句,可见他对曾叔祖的品德功勋是颇为骄傲的。他的祖父和父亲,都做过太守一类的官。八岁时父亲病故,母亲孟氏夫人教他读书识字。母亲是征西大将军长史孟嘉的第四个女儿。

　　陶渊明生活在东晋末年,统治阶级穷奢极欲,阶级矛盾日益尖锐,北方的秦兵又不断入侵,内忧外患,战乱不绝,天灾人祸,民不聊生。少年时代的陶渊明,也曾经"猛志逸四海,骞翮思远翥",并且满怀救国救民的雄心壮志,仗剑出游到张掖和幽州一带。他的《拟古九首》之八:"少时壮且厉,抚剑独行游。谁言行游近? 张掖至幽州……"记录的便是这段追求的历程。

可惜,他一直没能找到为国效力、大济苍生的机会。

远游归来后,家境日益贫困。他开始躬耕南亩,和劳动人民有了接触,并且幻想过上一种"衣食当须纪,力耕不吾欺"的安静田园生活。但是,东晋末年,连绵不断的战祸灾荒,使得陶渊明对于安静的田园生活的追求也陷于破灭。

"弱冠逢世阻,始室丧其偏。炎火屡焚如,螟蜮恣中田。"(《怨诗楚调示庞主簿邓治中》)二十一岁"五月大水,七月大旱,秦兵入寇,天下分裂",三十岁时,妻子亡故后,继娶翟氏。"风雨纵横至,收敛不盈廛。夏日长抱饥,寒夜无被眠。"在这种生活状态下,陶渊明只好"投耒去学仕"。

二十九岁时,陶渊明起为州祭酒(州的文教官员)。目睹州县官吏巴结豪门、鱼肉百姓、诌上媚下、胡作非为的黑暗行状,生性刚正的陶渊明感到"志意多所耻",不久就弃职还乡。后来州里召他去当主簿,他也不肯就任。三十一岁起先后做了建威将军和镇军将军的参军。因为不愿参与镇压孙恩领导的饥民起义,又适逢母亲病故,便告假回家居丧。四十一岁时,陶渊明出任彭泽令。"彭泽去家百里,公田之利,足以为酒,故便求之。"但是,他在官八十余日,深感"世与我而相违",认为"饥冻虽切,违己交病","深愧平生之志",精神上很痛苦,又有倦归之意。

正当此时,适逢"程氏妹丧于武昌","情在骏奔,自免去职",遂赋《归去来兮辞》。梁昭明太子萧统为他作的传记中说:"岁终,会郡遣督邮至县,吏请曰:'应束带见之。'渊明叹曰:'我岂能为五斗米折腰向乡里小儿!'即日解绶去职⋯⋯"

晋代

形象地表现了陶渊明"质性自然,非矫励所得"的个性。后来,朱熹称赞他说:"晋宋人物,虽曰尚清高,然个个要官职,这边一面清谈,那边一面招权纳货。陶渊明真个是能不要,此所以高于晋宋人物。"评价是很公允的。

辞官归田后的陶渊明,四十二岁时写了《归园田居》诗五首(一作六首),说明自己"性本爱丘山","误落尘网中","久在樊笼里,复得返自然"。过着"朝为灌园,夕偃蓬庐"的田园生活,在感情上,和劳动人民更加亲近了。四十四岁时,诗人"上京"的故居遇了火灾,迁居到玉京山之南的南村,即今星子温泉醉石馆旁。在这里,陶渊明和隐士刘遗民、周续之结为诗友。"奇文共欣赏,疑义相与析","登高赋新诗","有酒斟酌之"。当时的人将他们称为"浔阳三隐"。

因刘遗民的介绍,曾和在东林寺结白莲社的慧远法师有过交往,但后来慧远要他加入白莲社,他却识破了个中机关,认为"天道幽且远,鬼神茫昧然",毅然拒绝。

时世艰难,每况愈下,诗人的生活愈来愈困难了。"环堵萧然,不蔽风日;短褐穿结,箪瓢屡空",不得不发出"造夕思鸡鸣,及晨愿乌迁"的悲叹。这时候,只有"田父有好怀",每每"壶浆远见候","亲旧知其如此,或置酒而招之"。而渊明则"造饮辄尽,期在必醉"。田父见他"褴褛茅檐下",劝他不要太认真,"一世皆尚同,愿君汩其泥",随波逐流,混混算了。诗人并不是不谙世故的人。他在和好友颜延之对饮时就说过"独正者危,至方则碍"的话,但是,他情愿"危",情愿"碍",却不愿"纡",不愿"同",不愿违背自己的良心。"纡辔诚可学,违己讵非迷！且共欢此饮,吾驾不可回",是他对当时黑暗现实的强烈抗议！

长期的躬耕,长期的贫困,把陶渊明"力耕不吾欺"的幻梦粉碎了。"饥来驱我去,不知竟何之?"他和乡里们一样,愈来愈感到一个乱世之民苟延残喘之艰难,也越来越强烈地幻想和追求着一个"春蚕收长丝,秋熟靡王税……童孺纵行歌,斑白欢游诣"的"世外桃源"。正是在这种精神状况下诗人写成了有名的《桃花源诗并序》,描绘了一个理想乐土,对秦汉以来的五百年封建历史进行了有力的批判,反映了劳动人民追求消灭剥削、消灭压迫,渴望和平安宁的美好愿望。一千五百多年前,能够这样为民立言,确实是难能可贵的。他还写下了《五柳先生传》《感士不遇赋》《饮酒》等一百二十余篇诗文,都是我国古典文学中的珍宝。

陶渊明的诗,清新朴实,韵味天成,对后代诗歌产生了很大的影响,昭明太子萧统称赞:"渊明文章不群,词采精拔,跌宕昭彰,独群众类",评价很高。唐代大诗人李白、杜甫、白居易等,对渊明更为敬仰。李白诗云:"何时到栗里,一见平生亲","何日到彭泽,长歌陶令前",倾慕之情可以想见。关于陶诗的特色,苏东坡的评价最当也最高:"渊明作诗不多,然其诗质而实绮,癯而实腴,自曹刘鲍谢李杜诸人皆莫及也。"真西山更云:"渊明之作,宜自为一编,以附于三百篇楚辞之后,为诗之根本准则。"当然,也有些人,没有全面看待陶渊明,如钟嵘就把他列为"隐逸诗人之宗"。后代不少评论家都只记住了他的《五柳先生传》,忘记了他的"刑天舞干戚,猛志固常在",忘记了他的

"天道幽且远,鬼神茫昧然""善恶苟不应,何事空立言?"谭嗣同才看出了诗人奋发积极的一面,说陶渊明除了"伤己感时,衷情如诉"之外,乃是"慷慨悲歌之士也,非无意于世者"。鲁迅先生说:"陶潜正因为'并非浑身静穆',所以他伟大",给了陶渊明以崇高的评价。陶渊明殁于427年。后人为了缅怀他的高风亮节,在他的故乡和他生活过的地方,保留了不少的遗迹,如醉石馆、渊明墓、靖节祠等。每年来此瞻仰凭吊的人们络绎不绝。

宋　代

崔　闲

　　崔闲,生卒年不详,宋朝人,字诚老,号玉涧道人,襟怀清旷,以琴自娱。

　　在宋代文学领域内有一个"江西诗派",但很少有人知道,在宋代艺术领域内还有一个"江西琴派"。江西琴派早在宋代政和以前就已形成了,与当时的京师琴派、浙江琴派鼎足而立为三大琴派。宋代大文豪苏轼也擅长弹琴,推崇琴歌。他与琴家崔闲合作的《醉翁吟》,就是当时很受欢迎的作品。

　　崔闲多才艺,妙工古琴,襟怀清旷,常以琴自娱,结庐于南康镇冰玉涧,号玉涧道人,还是琴曲《醉翁操》的作者沈遵的弟子。东坡过之,因谓:"醉翁喜琅琊山水之胜,沈遵以琴写其声,惜乎无辞。今玉涧道人妙于琴,故因其声而为辞。"黄鲁直访之,赋诗有"城中咫尺云横栈,独立前山望后山"之句。

崔闲既是苏东坡的忠实追随者，又是苏东坡的挚交琴友。因崔闲结庐于庐山冰玉涧，苏轼称之为玉涧道人。苏轼有《寄崔闲》诗："道合何妨过虎溪，高山流水是相知。与君一别无多日，梦到琅然夜榻时。"

苏轼贬谪黄州期间，崔闲多次从庐山前往拜访。一次他揣着一份名为《醉翁吟》的曲谱登门请东坡填词。何以名为"醉翁吟"？当年欧阳修谪守滁州，写了篇《醉翁亭记》，脍炙人口，当时就刻石立了碑。有位名叫沈遵的，在朝廷任太常博士，是位古琴高手。他特意跑到滁州探访，见那琅琊山水确如醉翁妙笔所绘，就动了兴致以琴寄趣，创作了一支宫声三叠的琴曲《醉翁吟》。沈遵寻了个机会为欧阳修亲自弹奏此曲，欧阳修听了很高兴，并应沈的请求为该曲作了词。欧阳修的词自是大手笔，"然调不主声，为知琴者所惜"。调不主声就是唱不出来。沈遵的《醉翁吟》传开之后，引起了很多人的兴趣，不但争传《醉翁吟》琴曲，连欧阳修所作《醉翁吟》歌词，也有好事者纷纷为其谱琴曲，但都不理想。冥冥中似乎在等待着什么机缘，一晃三十多年过去，欧阳修、沈遵相继去世，庐山玉涧道人崔闲还惦记着这件事。崔闲精通琴曲，曾拜沈遵为师。他非常喜欢此曲，"常恨此曲无词，乃谱其声，请于东坡居士"。苏轼不但诗文高妙，而且精通音律，听明来意，欣然应允。于是乎，崔闲弹，东坡听，边听边谱词，不大一会儿就完成了。词云：

"琅然。清圆。谁弹。响空山。无言。惟翁醉中知其天。月明风露娟娟。人未眠。荷蒉过山前。曰有心也哉此贤。醉翁啸咏，声如流泉。醉翁去后，空有朝吟夜怨。山有时而童颠，水有时而回川。思翁无岁年,翁今为飞仙。此意在人间,试听徽外三两弦。"

苏轼在一篇文章中谈到该曲的创作缘由时说:"醉翁喜琅琊山水,沈遵以琴写其声,惜乎无辞,今玉涧道人妙于琴,故因其声而为辞。"苏轼还在给沈遵的儿子本觉禅师法真的信中谈起《醉翁吟》创作的话题:"二水同器,有不相入;二琴同声,有不相应。沈君信手弹琴,而与泉合,居士纵笔,而与琴会,此必有真同者矣。"苏轼这里实是在谈艺理——词与曲妙相契合的艺术境界,同时也流露了他对《醉翁吟》的满意之情。人们一致认为这是一首词曲珠联璧合的古琴曲。

崔闲很受《醉翁吟》成功的启发,他把自己的琴谱注上"平仄四声,分均为句",到处求人为他填词。有一次他遇到来庐山游玩的诗人叶梦得,于是也像当年请求苏轼那样,要求叶梦得为他的琴曲填词。叶梦得小时也向信州道士吴自然学过琴,叶的诗词风格虽深受苏轼影响,但是达不到苏轼依曲填词"顷刻而就"的水平,他应了崔闲之请,却未能当场满足崔闲的愿望。后来,他偶然得到了《江外招隐》一曲,为崔闲这支曲填了词。叶梦得在自己的书中谈到,他在庐山遇到崔闲,一起游山十余日。崔闲喜欢坐在山泉边弹琴,泉声与琴声相伴和,使他听得如醉如痴,终日不倦。称"吾意即此天籁也"。

程俱《北山集》卷一《送崔闲归庐山》其二诗云:"琅琊山中水,韵入三尺桐。琅然醉翁操,发自玉涧翁。流泉不成音,写寄十二宫。醉翁不可见,妙语聊形容。尝闻三峡泉,上与天汉通。请君记余响,相彼玉佩风。此声倘可继,那复有此公。"激赏之情,溢于言表。

黄　灏

黄灏,字商伯,又字景夷,号西坡。祖籍都昌,朱熹知南康军,兴复白鹿洞书院时,黄灏入其门下,执弟子之礼,质疑问难,以"不敢轻为人师"为问,朱子对:"以所知者语人可也。"后改官江州德化县令,以"兴学校,崇教化为本"力兴县学,修葺濂溪书堂,凡关于教化育人事,均孜孜不倦,鼎力促成。如同老师朱子一样,也是一位身体力行的教育家。后以政绩升为常州知州,提举浙西常平,信州(今上饶)知州,又以朝散大夫调任广西路转运判官。

黄灏在知德化县时,恰逢岁遭饥馑,因赈灾有方,被地方上官举荐于朝。宋光宗赵惇即位,他升迁太常寺主簿和大府寺丞。上召对,他首以天德刚健,绝声色嗜好之惑为言,可见是个敢说的人。知常州时,当地大饥,人争相食,场景悲惨,上有旨停交夏税,他不待报行并停秋苗,受到弹劾被获罪削职,移居筠州(今高安),可知是个敢做之人。绍熙五年(1194年)他迁居星子县,先后闲居十几年,或聚徒讲学,或"幅巾深衣""若素隐者"骑驴优游于匡庐鄱湖之间。"伪学之禁大开,朱子门生多有另投他师,惟恐躲避不及者,但黄灏不为所动。"朱熹过世之后,士子多有不敢前往吊唁者,而黄灏正谪贬乡居,却甘冒政治风险,不远千里呼号奔丧,极尽弟子之谊,"徘徊多日,不忍离去",是后世尊师重教的绝好楷模。

黄灏于淳熙六年(1179年)曾在隆兴府学建周敦颐祠。写信给朱熹,求朱熹述周氏学说的要义以启示后学,并记建祠之始末。朱子允其所请撰成《隆兴府学濂溪先生祠记》传世。次年,黄灏又刻朱子所著《语孟要义》一文于府学,朱子为之作《书语孟要义序后》一文。朱熹还应黄灏之约,为《黄氏家谱》作序一篇,赠题匾"亲亲义理"一块,后人加柱联"圣学千年统,家传三字符"以配。朱熹曾为黄灏之父黄唐发题写墓志铭一篇,由此更见两人关系非比寻常。

黄灏治学专崇朱子,与士友讲论遇疑难时,"则持书求正于"朱子。在《朱子语类》中,有黄灏所记关于丧服、理气、戒惧、阴阳方位的语录五条。朱熹也以黄灏为挚友,对其学养有很高评价,两人书信来往不断,论及理气、阴阳、已发、未发等性理论题。朱熹在信中还谈到许多有关白鹿洞书院建设和教学的情况,是我们今天研究白鹿洞书院和朱子教育思想的重要资料,具有原始史料研究价值。

朱熹高足、女婿黄幹在《西坡文集序》中说:"善学者,先立其本,文词之未达而已矣。然本深者,未必茂,不务其本而末焉。是先未见其能工也。予始识西坡黄君,见其神清气勇,襟怀卓荦,而知其资禀之异;见其从师问学而恐不及,而知其趋向之正;见其临民多惠政,立朝多壮节,而知其事业之伟。岁适大侵,人相食,官吏畏首畏尾,束手坐视,君发廪蠲租,不待报,竟以得罪。伪禁方严,学者更名他师,至有师殁不吊者。君谪居,不远千里哭泣奔赴。投闲十年,人不能堪,君泊如也。有本者如是。"序之最后说:"予始识君于康庐,今四十年矣。哲人其萎,而从游诸老皆无在者。过君家,访其子,如见其人焉。其子池州法曹杭,出君文一编示余,俾序之。"由此可见黄干对黄灏的学识、品德、政绩是十分敬佩的。

后因年老,黄灏辞去广东提点刑狱一职。死后谥号文简(一说文懿),《宋史》卷四百三十有其专传。祭祀于都昌县乡贤祠和白鹿洞书院宗儒祠(后改入紫阳祠),今仍列白鹿洞书院朱子祠。著有《西坡文集》四十卷,黄幹为其文集撰写序言。四川大学还将宋代胡寅撰、黄灏注的《叙古千文》汇入《全宋文》。

戴师愈

中华易学,博大精深,《易经》作为中华经典传世之名著,对中国的哲学、文学、政治、法律、天文、历法等都产生了重要影响,值得我们认真地学习与品读。在古代,研究易学的人层出不穷。庐山是一座文化名山,多少名人驻足其间。特别是在两宋期间,在庐山驻足的名贤更是不少,除周敦颐、朱熹外,还有戴师愈。

戴师愈,号玉溪子,博学强记,摭庐山古今人物,著列传十三卷,又作麻衣晚。后隆兴末进士,授湘阴簿,省志,南宋人,与朱熹同时。里贯不详,官南康军(今属江西)湘阴(今属湖南)主簿。其《易》,认为一卦之中凡具八卦,有正有伏,有互有旁。又称一变为七,七变为九,卦爻自一变至七,名作归魂。取经师旧说,不滥于杜撰《正易心法》。此书旧题麻衣道者撰,据朱熹推断,当为其伪托。

元　代

祖　闿

　　东林寺是佛教净土宗的发源地,北依庐山主峰,群山环抱,山水相连,是一方朝圣、修行、弘法、教育、慈善、安养为一体的净土。说到东林寺自然要提到东林寺主持祖闿。

　　祖闿(1234—1308 年),闿音 yín,俗姓周,字悦堂,少时从名儒冯去非受学,文笔超逸。十三岁出家,在本郡嘉瑞寺落受具。

　　一日,祖闿禅师在室中阅读《华严经》,至"惟一坚密身,一切尘中现"这一句时,忽然有省。于是前往蒋山参礼别山智禅师。初礼,别山智禅师便问:"近离何处?"祖闿禅师道:"江西。"别山智禅师又问:"马大师安乐否?"(马大师即马祖道一禅师,其道场在江西。此处所问,意思是说,你见到了自性吗?你的心安稳了吗?)祖闿禅师便叉手进前,说道:"起居和尚万福。"别山智禅师于是留他在座下参学，并让他住进了侍者寮，这样祖闻禅师就有了更多的机会亲近别山智禅师。不久，祖闻禅师又前往杭州净慈寺，参拜断桥妙伦禅师。妙伦禅师问："临济三遭黄檗痛棒，是否？"祖闻禅师道："是。"妙伦禅师又问："因甚么大愚肋下筑三拳？"祖闻禅师道："得人一牛，还人一马。"妙伦禅师遂点头称许。妙伦禅师圆寂后，双林石朋禅师补其住持之缺。一日，祖闻禅师入室请益。石朋禅师遂举赵州和尚庭前柏树子之公案诘问他。祖闻禅师正要开口拟对，石朋禅师突然大声喝道："何不道黄鹤楼前鹦鹉洲。"祖闻禅师一听，便言下顿悟。于是石朋禅师便给予印可，并令他充当烧香侍者。大元成宗元贞初年（1295年），祖闻禅师奉诏入禁中说法，成宗皇帝大悦，遂赐通慧禅师之号及金襕法衣。大德九年（1305年），祖闻禅师出世于灵隐，说法化众。一日，有一僧新到。祖闻禅师问："何处来？"那僧道："闽中。"祖闻禅师又问："彼处如何住持？"那僧道："饥即吃饭，困即打眠。"祖闻禅师道："错。"那僧便问："未审和尚此间如何住持？"祖闻禅师一听，便拂袖归方丈。后归庐山。至元十二年（1275年），元军占领九江，祖闻住西林寺，元兵用刀架其颈，问："怕否？"闻曰："吾无生死，有何惧乎？"军士投刀便拜，施以银两不纳。保住一带的平安。至元二十五年（1288年），九江太守钱真孙聘祖闻为开先寺住持。至元二十九年（1292年），祖闻接任东林寺住持。"恒产素薄，屋坏弗治。"祖闻购置寺田，修复殿堂门廊庑舍，恢复东林往昔的壮观。元贞元年（1295年）正月，成宗敕东林寺"白莲教善法堂，护持教法"。同年，宣祖闻进京城大都,赐金襕法衣,并赐"白莲宗主""通慧禅师"称号。此后,"白莲宗主"由东林寺住持承袭。大德二年(1298年),皇上又颁降御香金幡于寺。大德九年(1305年)升住灵隐寺第四十八代住持,祖阇禅师在灵隐寺住了四载。后示疾,说偈辞众云:"缘会而来,缘散而去。撞倒须弥,虚空独露。"说毕,便跏趺而逝。世寿七十五岁,僧腊五十二,为东林寺第四十五代住持,至大四年(1311年)辛亥闰七月二十一日入塔。逝后,弟子刻《祖阇文集》传于世。

明　代

余　鼎

　　余鼎，字正安，号南坡，元至正癸卯年（1363年）出生在星子县一个官宦世家。元朝初年，高祖父余友信曾任南康路儒学教授；至元年间，曾祖父余德元任过江西萍乡州都目；至正年间，祖父余仁仲任江西赣州路知事。元朝末年，庐山盗贼蜂起，余鼎的父亲，时为府学生员的余复升，为避战乱，遂率全家逃往赣南，一路上颠沛流离，历尽艰辛，余鼎母亲高氏在逃亡途中变卖了首饰和贵重衣物，才得以使全家逃到了赣州。元至正癸卯年（1363年）十月十四日，余鼎诞生在赣州，这年冬天，明军攻克赣州，余家一行人从小道逃出赣州城，再逃到南昌，而后回到老家星子。

　　余鼎从小聪明好学，通贯经史，得到虞文靖公的夸赞。少年时就学业有成，十五岁考中秀才。永乐元年（1403年）九月，余鼎第一次赴省城南昌参加乡试,一试即考中举人,第二年初春,余鼎赴南京参加永乐甲申科进士考试,中二甲第五十九名进士。这一年也是星子科举史上最辉煌的一年,一榜四进士。他们分别是余鼎、卢翰、郭庆、查桴。余鼎、卢翰授任翰林院庶吉士。

永乐二年(1404年),朱棣决定重组文渊阁,他起用赵贞吉、解缙为文渊阁大学士,并让解缙从翰林院庶吉士中选二十八人入文渊阁,余鼎和卢翰一来因为出色,也因和解缙都是江西人,皆被选入其中。永乐三年(1405年)明成祖朱棣决定重修《文献大成》,解缙为主编,余鼎是分修官,永乐六年(1408年)书成,更名为《永乐大典》,全书共二万二千三百九十三卷。永乐五年(1407年),明成祖朱棣又召命余鼎为侍读,协助他编撰《圣学心法》一书,从这以后余鼎成了皇帝身边的近臣。永乐十一年(1413年),余鼎母亲去世,他回星子丁忧,永乐十六年(1418年),他的次子余山年、长子余鹤年相继去世,这给余鼎沉重打击。这年秋天,余鼎与继室陈氏把两个儿子的遗体运回星子,将儿子安葬好之后,又将父母的灵柩,从南康城西塔子冲迁葬到城南三十里沙埂上。永乐十七年(1419年),余鼎晋升监察御史,永乐二十二年(1424年)春,余鼎以翰林侍讲的身份担任甲辰科会试副主考官,同榜北元翰林院侍读学士曾棨任主考官。在星子的历史上,他是唯一有确切记载主持过全国进士考试的人。

余鼎在翰林院工作长达十七年,于洪熙元年(1425年)春回到故乡星子。回归故里后,他经常和同朝翰林院等文友相互通信问候，他的老友胡俨还从南昌寄来《慕白鹿寄余侍讲》："幽栖此地忆前贤，白鹿神游不记年。独有紫阳遗迹在，石田芝草长苔烟。"文友的传书，匡山蠡水的风情激发了余鼎的创作热情，多年后他编成《南坡文集》。明正统丁巳年（1437年）余鼎去世，享年七十五岁，葬于南康城十里外西牯山。

宋惟善

宋惟善，华林镇人，生卒年不详。

明清之时星子乡贤辈出，有多人载入《星子县志》，并且有两人入记《江西通志》，其中一个便是宋惟善，世袭锦衣校尉。

有人说宋氏在星子的一支应始于宋僖，但宋氏宗谱则抬出宋惟善，他是一个让宋氏感到骄傲的人物。清代江西学者张尚瑗为宋之盛立传，也言"其八世祖惟善"。

明正统十四年（1449年）七月，瓦剌军也先以明廷刁难其贡使和毁其婚约为由，发兵攻明，大举入侵。本来，也先入关，只不过是一种报复性的掠夺行为，并无大的企图。明廷边防据有重要的城镇塞堡，京师有数十万机动部队，实力强于瓦剌数倍。明军只要严守边关，坚壁清野，主力伺机而动，完全可以打败瓦剌的进攻。但把持朝政的大太监王振为炫耀其威势，竭力怂恿英宗皇帝亲征，企图以此吓退瓦剌。兵部尚书邝野、侍郎于廉极力劝阻，吏部尚书王直也率文武百官谏阻，但王振不听。七月十五日，英宗下令率英国公张辅、成国公朱勇，户部和兵部尚书，内阁大学士等大批文武官员，以及号称50万人的唯一战略机动部队——京军亲征,并且不做准备,于即日出发。

由于抱有一厢情愿地"吓退瓦剌"的初衷,仓促调来的50万大军几乎没有后勤准备。出发前两天,才给每个官兵发放了1两白银及衣物、炒麦等物资。军队长期屯田,兵器残破,临时从武库中拿出80万件兵器分发部队。平时存于库房中舍不得给部队使用的先进火器也匆忙拿出来配给部队。为了携运物资,给每3个人配备了1头毛驴,队伍中人驴掺杂,混乱不堪。

七月十六日,在兵将不相习,士兵不能熟练使用新配发兵器,没有随行后勤保障措施的情况下,50万明军被一个"目不辨旌旗,耳不谙鼙角"的皇帝和一个专横跋扈、一无所长的宦官指挥着,军队出发之日即风雨交加。由于没有随行后勤保障措施,"不到十日,军中已绝粮"。加之王振专横跋扈、作威作福,二十四日,也先侦察得知明军主力出征的情形,佯装畏惧,主动北撤,隐蔽埋伏在塞外,纵明军骄兵,以寻找最佳作战时机。而此时,已到达战区的明军目睹尸横遍野,人人恐惧,王振仍要继续向北进军,以炫耀兵威。后来,镇守大同的亲信太监郭敬向王振密报了与瓦剌军交锋时惨败的情景,加之出征以来风雨一直未停,刚到大同又突降暴雨,人人惊异,王振这才决定撤军回京。

从大同回北京,主要有两条路线:一条经今河北易县西紫荆岭上的紫荆关返回;一条经宣府返回。经紫荆关返回,虽然路途略远,但易于避开瓦剌追兵,比较安全。开始王振决定走紫荆关,并打算让英宗到其家乡山西蔚州(今河北蔚县)炫耀。当大军已经行进了40里时,王振猛然想到,军队路过时会踩坏其家乡的庄稼，便下令全军折返北上，改由宣府回京。这样，就使部队拐了一个弯，正好把明军的侧背暴露在瓦剌军的攻击之下，并因道路崎岖，使随行的辎重车无法跟上行进的队伍。众大臣纷纷劝阻，但王振不听，执意走宣府。

八月十四日，惊恐万分、又饥又渴的明军退至今河北怀来东南的土木堡当夜，瓦剌军分数路包抄而来，将土木堡围住。宋惟善作为锦衣亲军，正护卫在皇帝身边，敌军进攻土木堡时，乱箭飞来，宋惟善用身体挡住英宗皇帝，身受重伤，英宗皇帝得救，接着他又冲向敌阵，拼命厮杀，最后战死沙场。此战之后，英宗皇帝虽幸存，但却被瓦剌军俘虏北去。这就是历史上著名的土木之变。

宋惟善出征之前，其妻已怀身孕，他叮嘱妻子南迁星子县，到舅父家去，便于照应。宋惟善死后，其妻生下一子，取名宋僖；僖又生有八子，宋氏便在星子繁衍起来。今星子县华林镇的宋姓之民，大多为其后裔。

陶尚德

陶渊明"不为五斗米折腰"，自彭泽辞官至鄱阳湖一路，"舟遥遥以轻飏，风飘飘而吹衣"，回到故居上京，从此种豆南山下，世代繁衍，而陶尚德就是他的第四十一世孙。

陶尚德，字祖容，号剑峰，明成化二十三年（1487年），出生于栗里陶村。尚德少小时虽家里贫穷，然仍勤学不辍，嘉靖元年（1522年）乡试中第。正德十四年（1519年），袭封南昌的宁王朱宸濠借口明武宗荒淫无道，集兵十万造反，掠九江、攻南康，这时府、县官员大多弃城而走，陶尚德见了挺身而出、大声疾呼："我星子乃真儒过化之地，先贤宫殿在焉，不得为逆贼所毁，仁人志士，当奋力死守！"众人听了尚德的话都齐响应，叛军攻打了很久攻不下来，于是就逃走了。

嘉靖五年（1526年），尚德中进士，授刑部主事职。三年后转任云南御史。在滇期间，他抑制豪强、整顿边防、倡导耕读、奖励农桑，政绩斐然，并向朝廷上疏，提出"议大礼、慎大臣、修边防、劾奸党"四策。因此与权臣严嵩发生激烈冲突。朝野皆称其为"忠直股肱之臣"，世宗亦对尚德欣赏有加，于嘉靖十三年（1534年）调其任都御史，协助吏部遴选考察京官。

嘉靖十六年（1537年），北京城因人口激增且年久失修亟须加筑拓宽，世宗意欲挑选一贤良干练之臣担当此任，时任内阁首辅的夏言便以尚德为人忠直、办事果敢为由力荐其出任工部左侍郎，主管筑城之事。尚德受命后精心筹措、亲临现场督工，新建外城长14公里，位于旧城之南，有永定、左安、右安、广渠、广宁、东西偏门7个城门，基本形成后世北京城的规模。世宗对此非常满意。之后，又命尚德督造十王府，从勘探到施工，尚德事事亲力亲为，终使气势恢宏、工艺精良的十王府如期竣工。因尚德数立功，嘉靖二十一年（1542年）被擢升为刑部尚书，加封太子太保，一品俸禄。这时，星子乡党皆以他为荣，江西巡抚应当地士绅所请为其建造牌坊，称"内台总宪"坊。

嘉靖二十七年（1548年），严党设计陷害内阁首辅夏言致死，严嵩取而代之。尚德心灰意冷，又不愿在浑浊官场委曲求全,遂上书请辞告老还乡。世宗念其功德,赐予金玉,准其归田。

尚德返乡后,耕读不辍,先后著有《宾庐堂稿》《欧波亭集》等。尚德虽躬耕于田野,仍心忧朝廷社稷,更有效仿前人周敦颐、朱熹传承儒学、教化万民之意。

嘉靖末年,权臣严嵩父子终于倒台。耄耋老人陶尚德得知后,顿感云开月明,心情极为爽朗。他广邀宾朋,设宴庆贺。隆庆三年(1569年),明穆宗念及尚德为官时的诸多德政,特赐牛羊牲礼及布帛等物,派人送至星子家中,慰问时年八十二岁的老人。当年,南康府又为其建了一座"天恩存问"牌坊。两年后,这位忠良贤臣离世。星子人则世世代代怀念尚德,亲热地称其为陶尚书。

有诗曰:

> 兀兀云霄望若无,背连衡岳面鄱湖。
> 九江秀色来天地,五老晴光入楚吴。
> 结社高人称陶谢,传经刺史重周朱。
> 余生亦在兹山下,前代风流兴未孤。

袁 端

袁端(1399—1493年),字孟政,草坪坂(今泽泉乡观音桥村)人。

永乐年间其曾师从余颖敏,时被人称为:业熟芹宫,德厚才博,气度非凡。永乐十八年(1420年),协助父辈创立草坪积善堂,广济相邻,善名远播。宣德初再入县庠受业。宣德九年（1434年），依春官所奏,明宣宗下诏,命全国各类学校举荐优秀人才。袁端以学行俱优被荐,例选入京。时星子县儒学训导,福建人邓建在《送选士袁生孟政赴春官序》文中写道:"宣德八年秋,余来官于星子之庠,见弟子袁生孟政,年壮学醇、貌恭才敏、襟怀萧爽、胸次悠然。方且以懈惰荒疏为惧,勤力不息自强,可谓克肖师范,不违矩度者矣……矧生学识充广、器宇不凡,指日角艺廷必魁,多士将见,释褐拜官,荣膺天宠,或内而授职六荃,处而擢任庶府罔弗宜矣。"袁端奉命入京例选,于国子监潜修数载后,被朝廷遣派入四川当职,任上政绩颇丰。成化初,请辞还乡。成化三年（1467年）,白鹿洞书院主教胡居仁因丁忧辞归,袁端以硕学受布政使和按察史延请,出任白鹿洞主。袁端在任白鹿洞书院山长期间,是明正统年间翟溥福复兴后洞学经济相对困难时期,当时白鹿洞仅能维持日常运转。成化四年（1468年）,金川学者鲁铎访袁端于白鹿洞,鲁铎应袁端所请,于白鹿洞搜访资料撰修洞志。成化五年（1469年）,《白鹿洞志》八卷始成,鲁铎奉志于洞主袁端校正。袁端在其《白鹿洞志后序》中写道:"端学识荒谬、叨主洞教,因鲁君《洞志》之成,滥与校正,敬拜手以序其后。"首部《白鹿洞志》经袁端校正后,当时未能及时付梓,其原因除白鹿洞书院经济条件不佳外,可能还与时任南康知府许颙等不重视有关。直至成化十六年（1480年）,袁端以年迈体衰为由,辞归故里草坪坂村,他带着深深的遗憾,将《白鹿洞志》校正稿奉还鲁铎之子鲁稷(弘治七年即1494年,知府郭瑁得知后才遣人持书币前往金川取回《白鹿洞志》校正稿刊印）。弘治六年（1493 年），袁端寿寝家中，享年九十四岁。

宋之盛

宋之盛（1612—1668 年），字未有，又名宋佚、宋惕，世居白石咀（今华林乡境内），因山上多产白石，皎如玉，自号白石野人。宋之盛是庐山著名学者，理学家。明末清初江西出现三大学派，又称"江右三山"，除"宁都易堂九子""南丰程山学派"外，还有"星子髻山七隐"，宋之盛是七隐之首。宋之盛小时候读书一目数行，博识饱学，明灭后，宋之盛不愿再出任清官。南昌士族李太虚闻其名，邀请他入家塾传经，因此与南昌杨益介诸儒交游。明崇祯十二年（1639 年）中举后，曾漫游扬州等地，回乡以塾馆讲授为业。清兵南下，宋之盛为之痛心疾首，更名宋佚，又名宋惕，隐居黄龙山青霞观讲学，后迁往丫髻山，授徒讲学《诗经》《大学》《礼记》等。先后从学有数百人。他曾率学生往访白鹿洞、五老峰等地，并渡鄱阳湖往都昌县城，寻访元代陈澔（号经归）先生故址，凭吊这位为《周礼》作注的儒学大师。清顺治七年（1650 年），江西巡抚蔡士英礼聘宋之盛为白鹿洞书院山长，他坚决拒绝，并发誓不入城，不做官，不拜谒清官吏。虽然生活清苦，但砥砺操行。每逢明亡之日，他就穿上明朝衣冠，闭门谢客。

与宋之盛一同隐居讲学的还有吴一圣、查世球、查辙、余晫、夏伟、周祥发，人称"髻山七隐"。宋之盛著有《求仁篇》《乙巳岁余录》《丙午山间语录》《程山问辨》《匡南所见录》《丧礼订误》《太极归心图说》《大学咏》，还作有《髻山语录》，谢文洊评点，但散佚不存。今仅存《髻山文钞》，收入《豫章丛书》。还曾审订《江人事》一书。谢文洊对他评价甚高，以为西江理学在胡居仁之后，由他继续发扬光大。清顺治十年（1653年），彭士望往星子晤宋之盛，宋得知南丰有谢文洊秋水先生"倡明正学，手援陷溺，私心窃景慕之"，始通音问。十二年后，即见，相互倾倒。之盛折简相邀，派石奥到黎川请在那里教书的魏禧亦来程山，与谢文洊会讲。魏禧迟来两日，行前提出会讲当分三事：一讲学，今所已行是也；一论古，将史鉴中大事或可疑者，举相质问，设身古人之地，辩其得失之故；一议今，或已身有难处事，举以质人，求其是而行之，或见闻他人难处事，为之代求其是。这次会讲，共到场25人。

宋之盛与谢文洊观点相契合处甚多，诚如他所说："先生当存我说，我亦当存先生说，彼此体会。"宋之盛重在"识仁"，以"求放心为切"。谢文洊说他"仁有探得本领"，其"功夫专在涵养本源"，并称他为畸人，又有诗曰："程山一片石，莹拭自此举。"

清 代

查振旗

查振旗,生卒年不详,字宗瀛,号云槎。世居髻山之麓。

小时聪颖好学,智慧超群,又因为得到先人畲庄公影响和教导,才思敏捷且饱读诗书。后来考取了秀才。之后又参加多次考试,成绩都非常优秀。嘉庆戊午年(1798年)中举人。后来参加会试,连考了四次都没有考中。科举的潜规则让他感觉到怀才不遇,从这以后他不再参加考试,一心在家里学习四书、诗词,练习书法,学习上严格仿效宋儒之风范,以主敬存诚为本,以利物济人为心。由于他名声远播,不久受淮安丽正书院之邀担任书院院长,后又担任过武陵正谊书院院长。他担任书院院长期间培养了不少人才。他不仅才学过人,一身正气,对朋友和善,对待继母尤为孝顺。继母六十岁去世时,他哭得很伤心,辞去了正谊书院院长之职,在家丁忧三年,为继母守孝。

三年守孝期满他才回到武陵正谊书院。戊寅年（1818年），知府狄相圃准备主编《星子县志》，但想到这不是一件简单的事，一定要找个文才极好的人来主修，狄相圃一向敬重查振旗的文才，心想若有他的参与一定会编得更好。于是，知府狄相圃命人一月三次驰书河南、临漳请他回乡来主修。云槎先生为感知府的三请之情，日夜兼程回到星子，他回来后没有因离家多年而走亲访友，而是把时间都花在深入调查、收集资料的事上，历经两年寒暑，县志修成。两年后他又受邀于许秋岩漕帅幕中，曾管放粮、运输事宜。在他主事这段时间有商贾贿以金银，他都严厉加以拒绝。许秋岩赞曰："云槎正气，承袭了周敦颐、朱熹的遗风！"晚年他筑梅花书屋以讲学，足不入城市，其清风高节士人仰之如山斗焉。著有文集四卷，法帖五部待镌。其行世者，有《正吾堂诗抄》二卷。

《中国人名大辞典》记载：查振旗，清星子人。字云槎，善诗文，工山水。作书以三指捉笔，悬肘如意，故大小楷书皆有法度。栖贤寺历代诗文选有其《栖贤寺》诗：

琴高化去已千年，手里芙蓉色尚鲜。

清冷宫中无客到，赤鲤嘘味满晴川。

妙谛元空空有色，奇姿弄色色皆空。

从此始信禅关里，丈六如来一粟中。

曹龙树

曹龙树（1749—1814年），字松龄，号星湖，横塘镇新屋曹村人。

当歌声和回忆都缄默了的时候，只有建筑在说话。在星子保存的为数不多的古建筑中，横塘新屋曹村的曹龙树故居——曹家大屋至今还保存较好，走近古老而斑驳的大屋，似在向来人讲述着主人的过往……

曹龙树著作

曹龙树故居

曹龙树自小生性聪颖好学，七岁起蒙于家塾养云精舍，九岁学诗，深得老师赞爱，有"神童"之誉。在举人邹鉴先生门下受业时，邹老师常考其才思，一日走近曹龙树课桌，即景口占一联："雨过风鸣树。"曹即对："云开日丽天。"老师又口占："莺歌调律吕。"曹又即对："雁字纪春秋。"邹说："此子将来品望不凡。"十六岁时从学孝廉，后在举人邹铨先生的庐山香泉寺读书时，游历庐山风景名胜，写下了大量庐山诗。清高宗乾隆三十六年（1771年）中举人。次年，曹龙树二十四岁，赴京会考不第，归来益发考图观史，自天文、地理、礼、乐，无不通究，这为他后来治理长江、黄河水患打下了基础。

曹龙树历任江苏、沛县、桃源（今泗阳县）、如皋等知县，江南（辖江苏、安徽地）乡试同考官。其虽为官时间不长，前后不过十三四年，但为官一任，造福一方，无驳案、无停牍。为三县县令，计治理河工8次。故每到之处，百姓争相负载。每项工程竣工，或他离任时，当地父老制万民伞，绘送别图，赠送别诗，结彩焚香，遮道泣送。

嘉庆四年（1799年），曹龙树归故里后，不再为官。在家作憩云楼、七松园、六柳堂。或登山临水，或酒社诗坛，暇则经史不辍。常集昔日同窗同门戚友名士，重游庐山名胜古迹，游至白鹿洞时，洞掌教蔡云桥留宿五夜，互以诗赠答，与诸生讲"朱陆异同""二十二史疑信"及"庐山古迹真赝"等。

"家在庐山下，柴桑栗里之间，五柳高风犹存，为周朱过化，六朝唐宋诗人荟萃之区"，熏陶了曹龙树天生的诗性，故而时时事事皆有诗意。他一生除为父母丧后六年尽情尽礼孝制不作诗外，几乎无一日无诗、联。曹龙树将庐山的一草一木收入诗中，是写庐山诗最多的诗人之一，著有《养云精舍文集》《星湖如皋攀辕集》等。他一生写了一千四百余首诗，有《星湖诗集》二十七卷、《星湖联语》一卷传世。同门扬州举人黄洙读其全集后，为其作序，有云："明府诚无愧乎诗人者哉！斯诗不诚所谓大集者哉？"

在这期间他还捐重资修周渐桥和制丸散以济人，求药者踵门若市。每逢灾荒年岁，自卖产业以贷济邻族，获救者无数。曹龙树活了六十五岁，于1814年去世。

曹龙树代表作：

含鄱口

高空谁劈紫金芙，远水长天手可揄。

拟似巨鲸张海口，西江不吸吸鄱湖。

汉阳峰

东南屏翰耸崔巍，一柄芙蓉顶上栽。

四面水光随地绕，万层峰色倚天开。

当头红日迟迟转，俯首青云得得来。

到此乾坤无障碍，遥从瀛海看蓬莱。

徐必达

徐必达，生卒年不详，字德孚，清代医家。

徐必达的祖上世世代代都是行医的。徐必达自小便跟随祖父、父亲寻药捣药，学习望、闻、问、切，一有空闲就翻看《本草纲目》。成年后，他接管了家里的医馆，在行医过程中，他医风良好，医技精湛，成为徐家几代行医者中医技最高、名声最大的一个。那时方圆百里都称他为"神医"，有两件事流传很广。有一次徐必达诊病回来的路上，见一熟人，上前打量了道："你有病在身。"那人见了徐必达笑容满面地正想问候他，听了徐必达的话，立马刹住笑容不高兴地说："我看是你脑子有病吧，我好好的，你却咒我，不要把谁都当作你的病人。"徐必达说："你有病在身，就应该马上去治，不然就会病入膏肓。"那人瞪了徐必达一眼，懒得再听他的劝说便扬长而去。十多天后，那人果然一病不起，几天后就去世了。又有一次，那天天热得出奇，吃完午饭，徐必达正准备午休，只见门口一个三十五六岁，衣衫不整，大汗淋淋的男子跑进来，上气不接下气地对徐必达说："先生，快、快、快去救人，我弟媳妇上午在田里拔草，热晕在田里了。"徐必达见那人，心里咯噔了一下，赶快跟那人说："你弟媳妇的病我会亲自带药去救治，倒是你自己应赶快回去，不然恐怕你到不了家。"那人听了大惊，似信非信地转身就回去了。等到徐必达赶去救活了田间中暑的妇女时，那求药报信的人果然暴死。这时妇女的丈夫回来了，看到媳妇被救活很是高兴，还没来得及照看媳妇，就又听说自己的哥哥暴死，转而又非常悲伤，他流着泪难过地问徐必达："先生，这是怎么回事？"现场围观的人也好奇地问其原因，徐必达说："他午饭吃得过饱，得知弟媳的危急情况后，一口气跑到城中，从城里到这里十几里路，中途又没有歇息一下，他一路奔跑着来，他的大肠已震断。我见到他时他的眉睫都已经黯黑了，便知他肠已断裂，命亡就在顷刻间。"众人听了徐必达一番话无不叹服。

徐必达不仅妙手回春，还为无钱抓药的穷苦人免去药费，送给他们衣食渡过难关。他在行医的一生中收集了一些行医经验和病例，一直有把它们传承下去的想法。晚年，他著成《幼幼集成解》《医学秘要》，未及刊行，于咸丰三年（1853年）毁于火。

潘先珍

潘先珍，生卒年月不详，号席卿，清代泽泉乡人。咸丰二年（1852年）举优贡，"即领乡解"，人称潘解元。潘解元考中"解元"时，正是太平军起义之时，他便在家乡操办团练。不久，他带领团练开赴湖口石钟山参与了彭玉麟与太平军的战斗。在石钟山大战后,潘先珍又随彭玉麟转战湖南、安徽等地,屡建战功,得到了彭玉麟的赏识。彭玉麟遂将潘先珍推荐给朝廷,他便被派到四川蓬溪任知县。

他一到蓬溪就明察暗访,了解民情。蓬溪境内有一伙强盗打家劫舍,弄得老百姓不得安宁。潘解元在详细了解情况后作了认真分析,认为不可强攻,只能智取。于是,他与强盗刘黑七结拜兄弟,让他慢慢消除戒备,然后再收拾他。就这样,潘解元与刘黑七结拜兄弟有两年之久,破寨之事却迟迟没有动手,不明真相的百姓还以为他官匪勾结。就在这年冬天,潘知县终于计划好了破寨方案。山寨上的土炮是破取山寨时的最大障碍,要想攻破山寨,首先就要毁掉土炮,潘解元就吩咐他的手下,叫他们上山寨时身上暗藏些盐,趁炮台无人时,将盐灌入炮眼及炮筒内。

他特意邀请刘黑七和其他头目来蓬溪县衙举行盛大宴会。是日,潘解元一切安排就绪,并在宴厅内房设下伏兵。一个有心,一个无意。在潘知县的精心策划下,手下人把山寨强盗一个个灌醉,那些往日武艺高强的人也成了傀儡,一个个束手被擒。刘黑七的头颅被割了下来。

潘解元随即抱着刘黑七的头颅,同衙役按往日上山下山不被查问的惯例,顺利上了山寨。一到山寨,潘解元举起刘黑七的头颅,对守寨喽啰喊道:“你们看看这是谁的头颅。”众喽啰一看,原来是寨主的头颅,皆惊慌失措,知道中了潘知县的计谋,纷纷对潘知县人马开炮,谁知那些炮筒早已被盐侵蚀腐烂,又因受潮,只有一门炮点着了,由于炮筒腐烂被炸开,数名喽啰被炸死，还有部分做了降兵。潘解元收缴了强盗山寨里全部的金银财宝。皇上见潘解元破寨有功，把山寨所有的金银财宝全都奖赏给了他，还将他提升为马鞭厅同知。

潘解元把皇上奖赏给他的一大半金银财宝用于救济贫苦百姓，或用于蓬溪水利建设。另外自己也带了一部分回乡。有家人说他从四川回来时有七八条官船。到岸卸货时，一件破蓑衣被搬运工扔掉，好久都没有人拣去，后来被一个拣猪粪的人拣去，拿回家后发现蓑衣内全是金叶子，那人也发了一笔横财。

为了家乡的教育事业，潘解元在家乡创办了庐秀书院。同时还在泽泉长垅港建了两座五墩麻桥，该桥至今还在。饥荒年月，他还在家乡多次赈灾，为乡亲施粥施饭。

潘解元作为一位封建时代的官员，视金钱为身外之物，将劫来的金钱捐出去给老百姓办事，后建蓬莱书院，捐廉以资膏伙。训民育蚕，刊《蚕桑宝要》书行世，人多赖之。后调宜宾，旋升马鞭厅同知，卸任回乡后，创办庐秀书院。潘先珍不但是个好官还是个清官。他任蓬溪县令时，在县衙三堂自题一联：扪心自惭兴利少；极目只觉旷官多。潘县令扪心自问，自觉为民兴利之事做得太少而深感惭愧，放眼官场，光拿俸禄的昏官太多而自责自忧，告诫官员不当"懒官""平庸官""太平官""无为官"，要牢记权为民所用、情为民所系、利为民所谋的宗旨，警诫自己不做旷官。由于他为官廉明，被当地百姓称为"青天"。在泽泉潘家屋场还有潘先珍墓，至今保存完好。

左运昌

左运昌,蓼南乡坂上村人,清光绪进士。运昌之父名墨庄,生于道光乙酉年(1825年),终于光绪癸卯年(1903年),为地方鸿儒。曾考试秀才、举人,最后以廪生终其身。设塾教养地方后进,名播乡里,望尊一方,人以"墨庄先生"呼之。

墨庄娶罗氏,生子运昌,原名运乾,字元亭,又名平乡、凤山。垂髫之年,即从父学。运昌生而颖悟,资质过人,授以句读,无不成诵。后转读经书,习八股,成绩与日俱进。每逢疑难,不待父指点恒能省悟。同治庚午年(1870年),年十五出而应府县考试,一试即中,取为县学庠生。光绪乙亥年(1875年)甫冠,又补增食饩。然而未以此为满足。仍回家埋头苦读,父亲辅导之,朋友切磋之。因而学问深造,文章练达。光绪己卯年(1879年)江西省举行乡试。运昌年二十三,赴省应孝廉考。果然文章发少年,全省仅取一百名举人,运昌考取第五十七名。"报子"报喜,父墨庄先生竟不信,笑曰:"此子文章亦能考取举人,为父不更可作单子乎?想是试官偏爱少年,故有此喜讯。"其后,运昌更以考取会试为志,萤窗雪案孜孜不倦,进而窥及经史堂奥。政治、经济之学烂熟于胸。光绪庚辰年(1880年)北京会试到来。运昌二十四岁,进京参加会试。是役,以优等中试,取为进士第八名。光绪癸未年(1883年)补廷对。钦点内阁中书,加四级,故家乡后以"左中书"呼之。时,奉旨留殿,充待粟竿候补特派乙酉科顺天乡试受卷官。运昌中进士矣,名声已大,远播地方。于是夤缘入室争相开亲者踵至。卢姓、彭姓、徐姓诸拔贡举人家之女儿俱入门作媳矣。

时清运已衰,正处甲午风云前夕。运昌于北京候补之际,适逢母丧,回星子故乡。丁忧三年,及服除,回京待命。其时,若外放可得知府太守之职。论京官亦可入翰林院。然而守阙补遗,竟不及选。后以病,闲守京师,贫病交加。于光绪癸巳年(1893年)死于北京"南康会馆",运昌生于咸丰丙辰年(1856年),是年三十七岁。死后以先选用知县在部,提供记录两次,钦加同知衔,诰授奉直大夫。

地方传闻云:运昌守孝,服满回京待命,因家境清贫,父嘱之:"汝此次进京,官无论大小,只要能觅一席,即可就任。志不必过奢,眼不必过高,总以家贫为念。"运昌泣泪而去。其去,旅资俱亲朋馈送。噫!清门寒士,而竟不永寿,俟图富贵以死。

论者以为运昌之死固可惜,而亦可成其名节。何者?因逊清正处式微。辛亥革命正在孕育,运昌如不随时代变革,任清官而忠于清。如张勋、袁世凯顽固而不知时务,则亦时代罪人。汉之奸民,又果如以贫而谋财,贪污腐化,虽有官亦国之蠹贼,今有功名而无其位,谁得而议哉?虽然,此一说也。然而不然,如运昌生而能如谭嗣同,或更能如张謇仕于民国,以共和倡,又谁可保其不为?

运昌娶程氏,生子三,曰世铭、世钰、世钊,俱学之。而世铭年二十亦于光绪辛丑年(1901年)考取末届科举榜首秀才,并考取占事府供事官,由国史馆编纂长、编总、待告成议叙,从九品、吏部选用。但以有为之年,正当清末兵戈扰攘之际,外而八国联军，内而革命风起，如此动荡时机，欲学草泽英雄崛起。世铭于是乃仿效李自成、张献忠之辈，于光绪末年，啸聚豪杰，兵起家乡。于是地方武士姜勉德为元帅，李兰陵为军师。立兵营在新池王爷庙，建拜跪制度弥王侯。日日孤家寡人，居然皇帝，南面称尊。然而井蛙窥天之见，其胡有成？未几，兵出四都胡村，被胡姓以计擒之，送官。县绅卢太师保之，母亲程夫人面官而请宽恕之，事遂寝息。世铭自此以后，行医救病苦，设帐授生徒数十年，颇得民心，为乡人德望。于1921年曾选为第三届省议会初选议员，晚节颇佳，无可疵议。抗战初期，星子沦于敌，其子星芒任伪职。据说世铭不同意子之所为，姑存此说以备考。世铭生于光绪壬午年（1382年），终于1941年，时六十一岁。

世铭亦生子三，曰星薇、星芒、星苔。次子星芒生于光绪癸卯年（1903年）。幼从父学，时当民国，未入学校，未受时代教育。读古书，学古人，年三十余。1934年，因吴城星子肉店与靖安人以码头权利闹事，请星芒撰状诉政府竟获全胜。于是，星芒之能，哗噪乡里，未几，1938年，日寇陷境，星芒出任伪职。初任"联络员"，后为"保安大队长"。以文弱书生，居然衣胡服，习胡射，掌一县军政，专生杀予夺之权。全国抗战八年半，星子沦陷七年半，而星芒趁此变故，为日伪军官者六年，死于抗战胜利前一年，逃脱人民惩罚。

左氏四代，墨庄得其正；运昌华而不果；世铭前浮而后正；星芒前正而后浮。人世沉浮，殊堪鉴惕。

近现代

魏瑞和

魏瑞和（1892—1949 年），字祯祥，又名观生，星子制砚名家。

匡庐秀色颜天下，星子砚石耀古今。金星砚又叫庐山砚，因出产地在横塘镇砣岭宋村，故叫金星宋砚。宋代大书法家宋徽宗赵佶称它为"砚中之魁"。金星砚盛行于宋代和民国年间。民国时星子有砚池一条街。2006 年，金星砚制作技艺获批国家级非物质文化遗产名录。金星砚的制作自宋至今涌现了一批批砚雕大师，其中较为久远而还有记载的最具名望的金星砚大师就属魏瑞和。

魏瑞和所制砚台，多以人物、山水见长，状物言情，惟妙惟肖，引人入胜。在构思和立意方面，巧妙利用石色、纹理进行创作，作品出神入化、巧夺天工，常常达到意料之外的效果。其所创作的"犀牛望月"砚就是巧妙利用石上的点点金星,将犀牛和月亮雕刻在一起,此作品一送出就一举拿下巴拿马国际博览会铜奖,为我国砚台走上国际舞台作出了重要贡献。

魏瑞和七岁入塾,一年后,由于家贫辍学,九岁时由亲戚介绍到横塘乡拜师学习砚雕技艺。横塘盛产青石板材,是金星宋砚的原产地。全乡制砚历史悠久,为当地百姓主要地方性产业。一度家家掘石,户户制砚,砚雕砚艺,蔚然成风。魏瑞和从小聪颖好学,勤劳刻苦,几年下来,就熟练地掌握了青石特性和雕刻技艺,特别是对砚石的色彩和纹理熟记于心,练就了一眼就能识别青石的绝技。他在掌握师傅所教的雕刻基本技能的基础上,还把自己的想法和理念融入作品中。

1906年,魏瑞和随父迁往县城,在县城南鄱阳湖滨的紫阳门租屋开店,经营自制砚池。为了跟上当时市场竞争形势,提高雕砚质量,他亲赴驼岭,挖石选料,看石下刀,创作了许多新颖独特的新作品,如"双龙戏珠""梅兰竹菊"等,并不断革新设计式样,形状各异,一时名声大振。

一天晚上,他从杜牧《清明》诗中,悟出江南杏花春雨诗意,利用金星石的特性,巧妙构思,大胆创新,制作了"牧童遥指杏花村"砚。砚池的墨池边,雕有牧童骑牛遥指杏花村的画图;整个砚面,金星点点,亦如杏花春雨,牧童和水牛雕刻得精细入微,人物形象栩栩如生。整个作品,构思精巧,刀法流畅,成为当时一件难得的作品。1914年,星子县劝学所和县政府两次征集魏瑞和砚雕送京参展。其中,他制作的"牧童遥指杏花村"砚雕,获1914年全国工艺品展览会特等奖。另一方"犀牛望月"砚雕,设计尤为精巧,其中犀牛的双眼和月亮皆为闪光金星,雕出了犀牛望月的意境。1915年,北京有关部门将其选送巴拿马国际博览会参展,获得铜牌奖。从此,魏瑞和在星子县城名气越来越大,星子县政府将他所住的那条街命名为"砚池街"。

魏瑞和并不满足这些成就,他继续创作,不断推出新品。他知道,闭门造车,搞不出新产品。他步行上庐山各景点,寻求新的创作题材。有一次,他到秀峰寺游览,借宿山寺,月夜游龙潭,为月夜下的龙潭美景所倾倒。他回到家里,灵感涌现,雕刻成一方"月映龙潭"砚台,获得好评。他听说景德镇工匠制瓷技艺高超,多次到景德镇参观学艺。回到家里,他把瓷雕的技艺用于砚雕,又推出了不少精品。

魏瑞和为金星宋砚的制作和创新,探索了一生,使金星砚的声誉遍及国内外。但因生逢乱世,颠沛流离,终于积劳成疾,于1949年逝世,终年五十七岁。但他留给后人的精妙绝伦的砚雕作品,是人类的共同财富,更难能可贵的是他那创新求异的精神,一直激励着后来人,成为后人宝贵的精神财富。

易定才

易定才,枣树陇人,生于清道光年间(1821—1850年)。太平天国事起,势力发展到星子,定才投笔起义。曾在本地庄山寺设官厅,完地方国课以供军需,并拘捕豪门污绅为民泄愤,污绅惮其威严不敢近。后太平军进军湖口,定才随军攻城有功,得主将赏识官为千总。定才性好酒,醉后每喜赋诗。太平天国事败后,隐姓埋名于庐山陇,教书度日以终天年。其墓在今易家嘴里陇山,有碑可考。有人用诗概括其一生:

参观易公墓,油然生敬心。远在百年前,雷臂入洪军。常考公轶事,说来惊四邻。七岁上私塾,颖悟冠群童。出口皆成章,下笔有奇文。欲作长沙傅,汉室重贾生。十三学击剑,叱咤怒风云。十七洪杨来,即起而从戎。设局庄山寺,开始展经纶。征收田地赋,助饷第一功。力扫恶势力,拘捕众污绅。为民泄冤忿,大铲道不平。久旱逢甘雨,水火救斯民。随军攻湖口,重任膺千总。运筹能用谋,绕道都昌城。迁抄入彭泽,湖口敌溃逃。主将石达开,嘉许立传令。因公善理财,设卡长江浜。出入收厘捐,供应军需用。天京方建都,公正日东升。方期立功绩,开国作元勋。讵料阋于墙,杨韦内讧争。长城乃自坏,功败在垂成。十五年间事,东南又膻腥。城破公亡归,易服隐姓名。隐去庐山下,心不忘革命。起教众童稚,晓以民族情。撒下星星火,欲燎满帝清。公赍志以殁,报仇有来人。辛亥犁庭穴,全国庆晴天。如今更庆喜,四化万民欣。公眠在地下,应示嘉后生。

欧阳鹤峰

欧阳鹤峰(1861—1938年),原名欧阳良家,字光祖,号鹤峰,县城以北五里乡阳孟贵村人。

星子县盛产瓷土,其人工开采可上溯至清代道光初年,距今已有两百多年历史。据县志记载,道光十年至十五年鼎盛时期,在大排岭、七滨垄、五福港、余家俐、板桥山等地开设的瓷土厂矿达49个,年产瓷土近20万担,全部销往景德镇。尔后因厂户挖洞取土绵亘数里,年深月久山崩土裂,农田受害,水旱皆忧,盖大水则被沙壅,大旱则被沙塞,将见土地尽成荒土,民生日促,赋课难输。(同治《南康府志》)矿区乡民状告涉讼数年,而于道光二十一年(1841年)被南康府准其所请禁止开挖,停采瓷土七十二年之久。民国三年(1914年),本邑五里乡(今白鹿镇)乡绅欧阳鹤峰联合许作禄、胡祖焕等人,以景德镇造瓷原料匮乏,而开采瓷土,既能繁荣地方经济,又可增加政府课税为由,并相应提出矿厂下游垒坝、阻止泥沙塞田、洗塘尾水过后下港、不涌积水道等保护农田和河面的措施,呈请县府准于恢复瓷土开采。几度寒暑,几度春秋,在欧阳鹤峰等人苦心经营下,星子瓷土业逐步得以复苏,并一步一步走向繁荣。由于星子瓷土的主要成分为水合硅酸铝,杂质少,成型骨坚,抗化学侵蚀,耐火度达1700摄氏度以上,土质密致滑腻,因而成为制造高档瓷器不可缺少的原料,在景德镇瓷业中亦占有重要一席。

欧阳鹤峰,邑人称其鹤峰先生。少时家贫,三年私塾失学,在家务农至二十一岁。一日,鹤峰肩挑大粪走在田间小径与过路易姓乡绅相遇,因路窄不慎将粪水溅到易乡绅长衫上,被其扇一耳光,并遭辱骂。鹤峰愤然丢弃粪桶,而立志复读,没有钱,就捡别人丢弃的毛笔废纸练字,以借贷而求师读书。耕读三载,于光绪乙酉年(1885年)科试入泮庚子科,获秀才补米。民间说,秀才补了米,官在荷包里。然而,鹤峰没有追逐仕途,而选择了一条习文经商之路,其笔锋犀利,诗书皆精,见解独到,且善兴地之学。时南康府辖星子、都昌、永修、安义四县,欧阳鹤峰遂游馆讲学,替人选看阴阳宅地,书写文书合约,代人破解科举考题,并屡试屡中。因而名声大噪,获得不少润笔之资和赠银。他利用这些钱财购置田产、庄屋,家境渐殷。

欧阳鹤峰先后投资近万元,在瓷土主产地大排岭,亲自踏勘,选择矿址,开办了和玉厂、上洗金厂、洗金厂、珍宝厂、天兴厂(矿)、胡祖焕之金圣厂、宝玉厂、许光梅之为群厂、老厂和黄昌太之天宝厂等二十四座厂(矿),为群矿之冠。至抗日战争爆发前夕,年产瓷土坯五百万至六百万块,约合一万至一万二千吨瓷土,占星子瓷土年产量80%,而鹤峰及其子裔的瓷土产量又占一半以上。

星子瓷土业的第二次发展,与儒商欧阳鹤峰的创业史是分不开的。鹤峰不仅是一位卓有成效的儒商,而且是一位有着民族气节的爱国开明绅士。他为人耿直善辩,敢于对时政谏言,不屈权贵,又乐于资助平民百姓。每逢灾年,不仅对其佃户减租减息,而且开仓赈谷,设粥棚,以救济灾民,每有老幼乞讨者入其家,即留食饱餐一顿并给升米。因而广为本县民众赞誉,民国元年(1912年)被选充本邑县议会正议长。尽管有了身份,但他一向布衣长衫,从不骑马坐轿,亦不以衣帽取人,赏识人品学识。民国十二年(1923年)的一天,他到九江一家瓷店商租卖瓷器时,见一青年学徒精明勤快,写得一手好字,便问其情况。了解到青年姓干名肃候,本县海会前坂干村人,鹤峰不知其品德如何,离店时,故意将十两银票丢弃于柜台下,五日后鹤峰再来时,干肃候即上前将此银票双手奉还,鹤峰大喜,便告之他愿将小女福英许配其为妻。干肃候言,感谢先生好意,我家贫困无钱娶小姐,日后又恐不能供其衣食。鹤峰大笑:我自有办法不需你破费分文,即可娶妻成家立业。"即选定吉日,以全套嫁妆,衣物家具样样俱全,连花轿,棺木一并送之。同时赠良田八亩,瓷器两船,供其夫妇日后生活。"干肃候不失公之所望,不到五年,便从九江开一小瓷器店起家,到赴苏州市开办一家瓷业公司,成为该市江西籍瓷商第一大家,并公推为江西同乡会会长。肃候生二子,均为清华大学毕业,长子为国家公派留法学者,中国第一代核电力专家,参加了大亚湾核电站建设;次子为中央一机部第十设计院高级工程师。

鹤峰生四子三女。长子怀瑜,次子怀璧,三子怀珍,四子怀琛,皆在商界、政界有所作为。次子怀璧,十六岁中晚清秀才,科举废除后入江西省立第六师范学习,毕业后在武宁县中教书两年,当时江西督军李烈钧赏识其学识才华,曾拟委任为县长,后因军阀开战未果,遂回乡经营瓷土。四子怀琛,又名欧阳春,字铁如,号毅然,1907年生,江西法政专科学校毕业,在校期间受新思想熏陶,与邵式平、胡德兰、卢英瑰等进步青年经常集会。

1927年冬,敌人捉拿不到欧阳春,就将欧阳鹤峰捉到南昌监狱关押,逼其交出欧阳春,他推说不知去向,坚决不肯说出四子下落,后家人用钱把他保释出来。

1938年,日寇侵占星子,烧杀掳掠,令人发指,鹤峰家属与当地部分民众逃往大后方避难,鹤峰年迈行动不便留在家中。

日军头目得知鹤峰名望，登门请他出面担任县维持会会长，他坚决拒绝。日军发怒，将他及子女在县城和阳孟贵村的 20 多幢房屋炸毁，财物抢夺一空。他愤怒万分，赋诗一首："漫天荆棘眼前横，贼寇无道残百姓。报国有心空无力，祈求上苍惩顽凶。"并用黄表纸书写状纸，历数日寇兽行、暴行，到县城城隍庙求拜菩萨告阴状，祈求上苍灭尽日寇，救民众于水深火热之中。尽管此系迷信做法，但其爱国民族气节和铮铮铁骨，深得后人敬仰。不久，鹤峰因悲愤过度于 1938 年 8 月 17 日病逝，享年七十八岁。

鹤峰经营的瓷土矿厂，在他中年之后，分别交付给四个儿子管理经营，抗日战争期间，曾一度被迫关停。1952 年瓷土矿厂实行公有化，鹤峰子孙经营的瓷土矿厂与其他私营瓷土矿厂一道并入国营星子县瓷土矿厂。

胡德畇

胡德畇（1906—1928 年），生于蛟塘乡龙溪胡村书香人家。幼时聪颖，五岁入私塾。十三岁读四书五经，习古文诗词，尤善书法。大篆、小篆、隶、楷皆工，常为村人书写匾额、对联。

五四运动时，他从在南昌就读的堂姐胡德兰书信和寒暑假的亲切交谈中，对当时生动活泼的革命新思潮，仰慕不已。1921

胡德畇

年秋，在父辈胡崇辉先生的支持下，去南昌求学。

进入省立第一中学后，随着新知识的增长，他的视野豁然开阔，性格也起了明显变化，由原来的沉默寡言变为激烈好辩。关心时局，如饥似渴地阅读《新青年》《湘江评论》《向导》等进步刊物，开始认识到政府之腐败、社会之黑暗、国家之危急。在此期间，他与邵式平等人结为莫逆之交，还经常同进步同学结伴到郊外去学习马克思列宁主义和讨论中国革命的问题，发誓要做中国革命的中坚。1925 年，党组织在对他长期教育与考察之后，秘密地吸收他为中国共产党党员。

1926 年春，他正备课待考大学，而北京学生运动如火如荼。关税自主运动中，在北京高等师范就读的邵式平与同学们一道游行示威，被反动北洋军阀打伤；3 月 18 日，北京学生游行请愿，在铁狮子胡同内发生流血事件。这些消息传到南昌，使胡德畛非常愤慨。他想：反动派用枪镇压革命，我们要革命，就要设法拿起枪来。他在给胡德兰的一封信中写道："背起枪来做革命工作，是我们青年人的事。为了革命，我愿意牺牲一切，大学不去考了。我已深深体会到，光抱书本子是不能解决中国革命问题的。我已下十二分的决心去学军事。"之后，胡德畛毅然投考武汉黄埔陆军军官学校。

1927 年 7 月，他随叶挺部队到南昌，不久便英勇地参加了八一起义。事后，他兴奋地说："参军一年多了，打过一些小仗，也打过夏斗寅，只有八一起义这一仗，打得真过瘾。没有想到，敌人在革命的威力下，是那么听话，架起枪来投降，一队队俘虏等待被押走……"

起义队伍离开南昌时,他正卧病治疗,经部队许可,请假作短暂休养。起义军走后,反革命卷土重来,白色恐怖笼罩着整个南昌,大批共产党员被捕,惨遭杀害。形势一天比一天紧张,在南昌站不住脚了,他抱病化装,回到了自己的家乡——星子县蛟塘乡龙溪胡村。

胡德畛回乡后,犹如龙归大海。他和刘星彩、胡崇秀等发动蛟塘农民进行轰轰烈烈的土地革命斗争。那年天旱,庄稼歉收,佃户们无粮交租。他们因势利导发动减租运动,深得百姓拥护。一天,大地主罗运昭在罗氏宗祠前向佃户训话说:"你们素来是我的好佃户,租谷交得又快又净。可是今年,秋收早已登场了,还没有人交清。"一个佃户打断他的话说:"今年天旱得这么厉害,租子要是不减轻些,我看没有一个人交得清。"罗运昭听了指着那佃户鼻子骂道:"哼!交不清,就剥你的皮!"说罢,就要动手绑人。人丛中的胡德畛大喝一声:"谁敢绑人?!"罗运昭哪吃过这个气,便指使帮凶去绑胡德畛。佃户们早就心向德畛,一齐涌上前去夺过绳索,反将罗运昭捆了个结实。群情激愤,纷纷控诉罗运昭的罪行,当夜这个作恶多端的地主被镇压了。蛟塘乡的农民运动搞得更加有声有色了。此后,胡德畛还参加了星子县的"十三"暴动等重大活动。

1927 年底,他去广州寻找部队,因无着落,即奔上海,意外地遇上了来党中央汇报赣东北工作的堂姐胡德兰和已经是姐夫的邵式平。1928 年春,他们三人一同回到了赣东北组建武装力量,他成了一位不可多得的军事人才,担任了工农革命军第二军第二师十四团一营一连连长。

6月，敌人向赣东北进行了第一次"围剿"，根据地形势异常紧张。队伍为了保存实力要迅速转移。有人说："我看拿起枪来，痛痛快快与敌拼一拼，不见得一定会失败。"有的主张将枪藏起来，人员分散隐蔽。胡德畛耐心地说服解释，稳定了军心。方胜峰会议后，他率领部队参加了金鸡山战斗等几个决定性的歼灭战，取得了粉碎敌人第一次局部性"围剿"的胜利，为扩大发展赣东北革命根据地做出了贡献。

由于长期艰苦的战斗生活，胡德畛受湿过多，营养缺乏，生了病。8月15日，他躺在弋阳曹家芳山上的一个小破庙里，发着高烧，昏昏沉沉。忽然，身边响起了号镜号，他知道敌人快到身边了，便用尽全力爬进了密密麻麻的灌木丛中。烈桥靖卫团在山上搜了半天，还是发现了痕迹，胡德畛被捕了。

胡德畛被捕后，在酷刑面前，坚贞不屈。他说："什么我都不知道，只知道我有病被你们抓来了，要杀要剐随你们的便，何故罗嗦！"

1928年8月16日清晨，秋风萧瑟，黑雾低旋，在弋阳烈桥沙滩上，胡德畛同志从容就义，年仅二十二岁。

胡德畛同志的一生是很短暂的，但他是为革命而死，将永远活在人民心中。

欧阳良柱

欧阳良柱（1897—1969年），字丹楹，蓼花镇人，毕业于北京师范大学数学系。文理兼优，善琴书，带口吃。曾任北京师范大学、北京大学讲师,江西省立工专训导主任、省立南师教育主任。抗日战争爆发后,就任省立浮梁临时中学教务主任。当时星子沦陷,公立学校停办,大部分青年学生转入私塾学习。但私塾只授语文,造成数、理、化成绩差。有些学生为了深造,越过日寇封锁线,投考"临中"。按学校规定年龄,大部分学生不能录取。欧阳良柱坚持以照顾沦陷区学生为由,破例录取,受惠者不鲜其人。1940年,欧阳良柱被选为星子游击战区临时参议会议员,不久又被推为星子县旅浮梁同乡会建筑委员会会长。抗战胜利后,星子县没有中学。1946年8月,星子县政府聘请欧阳良柱为星子初级中学筹备委员会主任。就任后,他亲自募捐,修建校舍,购置教具,延聘教工。9月,经江西省教育厅委为校长。同年,任星子县社会救济事业协会委员。1947年任星子县文献委员会副主任,县勘乱委员会委员,10月竞选国民代表,后中途退出。1949年5月初,国民党政府撤走,他出面维持社会治安。新中国成立后,因曾参与勘乱委员会被判刑。后因病保外就医,1969年在家病逝。

欧阳怀岳

　　欧阳怀岳,星子士林中上了点年纪的人,都忘不了这位早夭的诗才。著名文学家施蛰存先生还曾在《新民晚报》上撰文,称赞他是位诗思敏捷的才子。

　　欧阳怀岳,蓼花乡人,1919年出身于书香门第。幼时聪颖,勤奋好学,少年时代,客居燕京。年甫弱冠即逢国难,流亡赣南闽东一带，每赋乡国之忧，词婉情切。汀州中国文学会上，咸谑怀岳奇瘦，答以诗云："灯火深堂荡荡开，狂歌争奈费诗才。诸公漫话寒儒瘦，真个推敲贾岛来。"由是诗名远播。

1941 年 9 月，怀岳就读厦门大学，有七律《秋感》八首，其序云："季秋九月，天气遽变，寒雨叩窗，落木飘瓦，褰帷远望，戚然怆怀！昔钟仪幽而为楚奏，杜陵客蜀而望京华！乡国之思，人同此情。岳客燕门久矣，太液香山，频来梦寐，北望渺茫，云随雁断。故里星子，亦擅匡庐之胜，山谷云：'落日荷锄人著本，西风扫地叶归根。'读之泪下！因为此吟，以贻友好，非谓文墨，聊致幽忧云尔。"漂泊秋思，令人情动。其一云："秋深寒雨逐人来，抱病兼疏潋滟杯。绝壑高松呼鹳鹤，荒城残日满楼台。陶公鱼鸟怀归急，杜老江湖绕梦哀。莫上龙峰揩倦眼，南明陵墓长蒿莱。"末四句，家国忧思，跃然纸上矣。其二云："山压居庸灌莽滋，燕门回首古尘吹。孤花掩映宫檐晓，数柳萧疏殿角悲。太液楼船箫鼓振，玉泉巷塔雨云移。可知呜咽卢沟水，万里行看卫霍师。"后十四字，字字泪血，爱国之心溢于言表。其三云："欲登高岭望匡庐，旧国青山恍忆予。五老自高衔月暗，二星相并点湖虚。帆樯片片鸥群疾，林树疏疏舭阵徐。劫剩田园几人在？休凭尺札问残书。""月暗""湖虚""鸥群疾""舭阵徐"，写尽"劫剩田园"，令人目不忍睹。其四云："一城风物属匡君，岭上枇杷压暮云。彭蠡啼残鸿雁月，玉京眠塌野狐坟。惊沙人语磨金戟，古井砧声映练裙。曾上小舟兼载酒，只今魍魉日嗥群。""枇杷岭""彭蠡月""古井砧声""小舟载酒"……故乡山水，何等迷人！诗人笔锋一转，"只今魍魉日嗥群"七个字,活脱脱画出一群吃人的生番,丑类玷污了美丽的风景,是对穷凶极恶的日本侵略者有力的控诉。

诗人,不仅抒家国恨,也咏叹了自己离乱中的爱情,《绮怀》二首便是。其一云:"几回狂醉几狂歌,潦倒天南一笠蓑。乍见便生知己感,相思应是泪痕多。花开空院空怜惜,梦断寒衾可奈何。小札敢烦青鸟使,银河霜冷夜横波。"银河夜冷,霜重波横,青鸟难渡,梦断寒衾,极形象地抨击了侵略战争对于美好爱情的干扰与阻隔。其二云:"谁道仙寰尺五天,月斜楼上望婵娟。风尘同是飘蓬客,欢笑空悲过眼烟。倾盖我原逢谢韫,销魂卿忍别江淹。沧波愿订偕游约,一路青山好放船。"末二句表达了青年人对爱情的坚贞和对未来幸福的热烈向往。"一路青山好放船",轻松、愉悦、节奏跳荡,直有"轻舟已过万重山"之趣。

怀岳,一介书生,虽然饱经忧患,却是贫贱难移,威武不屈。且看他的《登北极阁》诗:"绝顶高空倦鸟回,夕阳红处暮林开。平生风骨峻嶒甚,山势无妨四面来!"中国知识分子的铮铮铁骨,浩然正气,充塞天地之间!

诗人,想象力丰富。《野望》诗中的"又看愁云写暮天",苍天作纸,愁云如画……给读者留下广阔的再创作余地。而《秋柳》诗中的"懊恼宫娥梳病发",则更是形象生动,比喻奇特。

怀岳,不愧为才子,而不幸因狂犬病结束了他短暂的一生。不然,他会留下更多的好诗。

欧阳怀春

欧阳怀春,又名欧阳春,字铁如,号毅然,1907 年生,其父为欧阳鹤峰。欧阳怀春于江西法政专科学校毕业。在校期间,他受新文化、新思想的熏陶,与邵式平、胡德兰、卢英瑰等进步青年经常集会。1925 年下半年参加中国国民党,1926 年 11 月任县党部执行委员会常务委员,同月,方志敏派淦克鹤来星子指导农民运动和发展中共党员,由于欧阳春思想先进,革命热情高涨,于 12 月光荣地加入中国共产党,是星子早期共产党员之一。12 月下旬中国共产党星子县第一个党支部在县城秘密成立,欧阳春当选为支部书记,同月,在县城公开成立星子县农民协会,欧阳春担任协会会长。

1927 年 3 月,中共星子县委成立,欧阳春任组织部部长,担任部长后他积极开展农民革命运动,秘密发展中共党员。10 月 3 日,根据党中央八七会议的决定和省委关于举行秋收暴动的指示,欧阳春与赣北特委书记林修杰及卢英瑰、干剑、黄石子等秘密集会,组织星子农民、工人武装和九江工农自卫队三百余人,合力攻打星子县城,打开监狱救出被捕共产党员和群众二十余人,并焚毁伪县政府。起义取得成功,既受到了上级领导的肯定,亦受到了星子老百姓的高度拥戴。"十三"暴动后,国民党调集兵力来星子镇压,大肆搜捕共产党人并通缉欧阳春等人,由于敌人的通缉和追捕,党的活动转入地下,欧阳春等党的负责人只好不定期在农村不同地点碰头集会,分析敌情,部署工作,在艰苦环境中,活动经费紧张,欧阳春就变卖瓷土,还把妻子的部分首饰换成现钞,作为党的活动经费,这样一来就解决了他们工作、生活中的困难。

在白色恐怖下,环境极其恶劣,生活异常艰苦,欧阳春把钱财都用作活动经费,自己省吃俭用。由于缺少营养,身体极其虚弱,不久便身患肺病,病痛折磨困扰着他,开始还带病坚持工作,经过一段时间病情没有好转反而更加恶化,到后来无法再亲自跟随组织南征北战,只好在家养病,养病期间他心中仍惦记着革命,盼望早日解放。临终前的一天,黄石子的妻子去欧阳春的家中探望病情,当她看到病中的欧阳春时鼻子一酸,眼泪在眼眶里打转,却强忍着不让它流下来。欧阳春见到黄石子的妻子精神突然好了许多,眼里放出些许的光亮来,他询问了革命的情况,最后还嘱咐说,天快要亮了,要解放了,可惜我看不见了,你们要好好干革命。从这哀哀的遗言里仍可见他对党和同志的一片赤诚之心。

1949 年解放前夕,欧阳春在家病逝,时年四十二岁。

胡德兰

胡德兰,1905 年 5 月出生于一个普通的知识分子家庭。1919 年春天,考入南昌省立甲种女子职业学校。这年 5 月,她积极投入席卷全国、震撼世界的五四运动,由于表现出色,被选为学生代表。从此以后,她无论是读书、教书,还是妇女运动、农民运动等都一直前进在中国无产阶级革命斗争的行列里。

胡德兰 1925 年入党,是已故邵式平省长的夫人。在革命战争年代,她跟随邵式平,先后奋斗在赣东北、闽赣苏区,以及延安,曾任闽浙赣省军区供给部部长、闽赣省苏维埃政府教育部部长、中华苏维埃共和国国家医院院长、晋察冀边区粮食局秘书主任、嫩江省粮食局局长。新中国成立后,历任江西省妇联副主任、省工业厅副厅长、省主委副主任兼省物资局局长、省第四届政协副主席,第五届全国人大代表。

胡德兰的出世比民国还要早七年。那时候的女孩子都要缠脚,她因为生在一个读书人家,长大时恰好清廷被推翻,民国建立,便幸运地免除了"三寸"之厄,而成为拥有一双"天足"的女学生,后来,一步跨出星子县,两步跨上井冈山,三步跨过二万五千里长征……"大脚"便更加名副其实了。胡德兰脚大是无疑的,而她的手,"大"还是"小"呢?

1985 年春,星子政协为了征集地方文史资料,笔者父亲专程赴省城访问了她。据父亲回忆,那时,她已八十岁,已经从省政协副主席位子上退下来了。谈话中,有人送来些鸡蛋,她付钱时手颤抖着,对着光线仔细地辨认角币,那副较真的劲儿真叫人有些目不忍睹,一位副省级离休干部,月工资总该有两三百吧,却连张角币都"抠"得那么紧,我不禁想起了巴尔扎克笔下的葛朗台。"大脚婆"的手竟出奇地"小",实在是匪人所思。但,她的手又还是"大"的。

父亲还说,许多年前,县里发通知,号召干部集资兴教,文件前头竟赫然写着:老同志胡德兰为支援家乡办学捐款一万元。嗬,够大方!一不是台胞,二不是外籍华人,三不是什么新潮企业家,她是一个离了休的无职无权的老干部呵!不久,《江西日报》报道,她给星子捐款一万元的同时,还向已故老伴邵式平同志的故乡弋阳县也捐赠了一万元。"大脚婆"只拿死工资,即使以每月三百元计算,不吃不喝也得攒上五六年。这两万元捐款,不一角一角地从自己生活中"抠"行吗?

"外国有个加拿大,中国有个大家拿。"胡德兰同志似乎该入"另册"哩!

龚炳章

龚炳章(1907—1934年),苏家垱乡龚家嘴人。曾任红四军第十师第二十九团参谋长、红四方面军第二十五军第七十三师第二一九团团长、红三十一军参谋长。

世界消瘦,岁月消瘦,人们对你的敬仰不曾消瘦——那就是你,龚炳章。

1997年,星子县委宣传部决定,将原红四方面军参谋长龚炳章烈士故里苏家垱

龚炳章

乡青山村龚家嘴确定为"爱国主义教育基地",经过三个多月的筹划,于1997年7月28日,在青山村龚家咀竣工。从《中国人民解放军组织沿革和各级领导成员名录》中得知,原中共中央常委、中央军委副主席刘华清,全国政协原副主席洪学智两位将军与龚炳章烈士是同一个部队的老战友,县里派时任县政协主席欧阳森林、人大常委会副主任查筱英前去北京为龚炳章

烈士教育基地要来了题词。"八一"建军节那天，乡里召开了龚炳章烈士"爱国主义教育基地"落成典礼大会，并介绍了他的生平事迹。

龚炳章，1907年农历正月初二出生于江西省星子县苏家垱乡龚家嘴一户普遍农民家庭里。他天资聪颖，先后在土牛嘴、开福寺读私塾。由于成绩优异，老师非常喜欢他。可惜，龚炳章亟待在学业上进一步深造时，父亲病逝，他不得不辍学当店员学徒。

几年的店员学徒生涯，使龚炳章在生活上饱受磨难。国共合作开展起轰轰烈烈的大革命活动，他在好友、共产党员龚谦、刘星彩的影响下，积极参加革命活动，不久便加入共产党。

从此以后，龚炳章全身心地投入革命，走村串户宣传革命道理，组织发动群众与反动势力做斗争。在龚炳章的耐心启发下，苏家垱地区的农民被组织起来，同土豪劣绅进行斗争，开展抗租运动。一天，大恶霸罗运昭仗着自己有靠山，大摇大摆地来到罗家祠堂要佃户交租纳粮。他的家丁将佃户们赶到祠堂训话，不容佃户分说，对交不清租粮的佃户用绳绑起来吊打。这时，龚炳章等人率领农协抗租减息队伍赶到，佃户们胆子壮起来了，顿时群情激昂。在广大群众的强烈要求下，当场处决了这个横行乡里、恶贯满盈的"活阎王"。这一革命行动大长了革命人民的志气，穷苦百姓由此看到了人民团结起来的力量。从此，农民革命运动如火如荼，席卷着苏家垱的大地。

1927年10月3日举行的星子暴动，根据星子县委指示，龚炳章带领农会的骨干分子积极参加，与全县农民一道打响了赣北武装反抗国民党反动派的第一枪。龚炳章在组织农协抗租减息、打土豪劣绅等各项革命活动中冲锋陷阵,带动了苏家垱地区革命活动的蓬勃发展,深受广大群众的爱戴。国民党反动派、土豪劣绅则对他恨之入骨,千方百计地想除掉这颗"眼中钉"。一个倾盆大雨之夜,龚炳章和他未成年的弟弟冒着生命危险,在农友的护送下,从狗脚湾渡河,加入了驻扎在湖北阳新的红军部队。

加入红军之后,龚炳章的文化素养和指挥才能得到迅速提高。刚去时,他任鄂东南红八军第五纵队初级指挥员。1930年10月成立红十五军,他任营级指挥员;1931年任红四军第十师第二十九团参谋长;1932年,调任红四方面军第二十五军第七十三师第二一九团团长,参加了鄂豫皖革命根据地各次反"围剿"战斗;1932年10月,龚炳章随红四方面军主力西征入川;1933年7月部队扩编,他升任红三十一军参谋长,参加了创建川陕革命根据地的斗争和各次反"围剿"战斗。

1934年秋末,在四川省旺苍县双会寺战斗中龚炳章英勇牺牲,年仅二十七岁。

卢英瑰

卢英瑰,1902年生,南康镇人,家境贫寒,少年聪颖。

卢英瑰十七岁时,在县城冰玉涧小学读书。五四运动的消息传到星子后,全城学生罢课,游行示威抵制日货,要求严惩卖国贼。他在这次斗争中,表现出了卓越的组织才能。1920年秋,他考入江西省立甲种工业学校后,在方志敏同志的帮助下,废寝忘食地学习马列主义,后来回到家乡星子进行革命活动。

为了传播马列主义,卢英瑰在爱莲池等处举办了贫民夜校,向群众宣传革命。他贤惠的母亲也成了听众,听儿子讲到不剥削不压迫人的社会时,微笑地赞叹说:"要是到了那一天,多好哪!"卢英瑰的家,热闹极了,人来人往,川流不息,大家衷心地称赞他是"开心锁的钥匙"。

卢英瑰等人卓有成效的革命宣传,扩大了马克思主义在星子的影响,培养了一批革命的工农和知识分子。1923 年中共星子支部成立,革命之火点燃了。

北伐战争开始,卢英瑰遵照上级党的指示,发动群众积极支援革命斗争。

1926 年 11 月,革命军势如破竹,星子的军阀县长闻风而逃,维护军阀政府的警备队在卢英瑰的策动下不战而降。卢英瑰派人往德安迎接北伐军。

这时,南浔线败下来的军阀卢香宁部下两个团,准备经星子逃往安徽。怎么办呢? 难道让他们逃走? 卢英瑰想:我们只有两个排的兵力,而敌人是整整两个团,硬打不是办法。卢英瑰等和革命军汤连长商量:唱一出"空城计"。

工农群众提前分布在东古岭、钵盂山、玉京山、桃花铺等山头,待军阀部队像丧家之犬逃到星子时,顿时红旗招展,军号响亮,人声鼎沸。军阀部队吓得筛糠抖颤,为了保全性命,听从外国牧师的劝告,乖乖地缴械投降。缴械后,才知道是中了空城计。

这件事传开后,人们都竖着大拇指说:"共产党里有能人,真像孔明呀!"

工农运动的迅猛发展,使国民党右派深感恐惧,右派县长何翼剑亲自出马,组织反革命的"四大金刚",纠集一班流氓地痞,攻打和破坏县党部和农民协会、妇女协会等革命组织,并张贴布告通缉共产党人。

卢英瑰听后冷静地分析了当时的革命形势,根据国共合作还没有公开分裂的情况,决定把斗争锋芒对准右派头目何翼剑,组织了"请愿团"三次赴省"请愿",要求撤换右派县长。在方志敏、淦克鹤等同志的大力支持下,江西省政府终于派了胡景全(国民党"左"派)任星子县县长。

1927年4月12日,风云突变,星子县的天空也卷起了乌云,"靖卫队"等各种反共组织纷纷建立,大捕大杀共产党人,一些不坚定分子悲观失望,认为革命大势已去。为了摸索挽救革命的道路,卢英瑰到秀峰麻石矿作工人调查,将调查的结果写了一个报告,封面上画了一轮明月,题词:"这一勾明月,将会勾出世界的光明。"在黄家港秘密召开的党员代表会上,他详尽地分析了大革命失败后的政治形势,严厉批判了悲观动摇的消极情绪,鼓励大家把革命中心移到农村,依靠工农群众与反动派进行坚决的斗争。

不久,卢英瑰同志积极协助赣北特委,于1927年10月3日举行了星子武装暴动。规模之大,在赣北是空前的。震动了敌人,鼓舞了人民,揭开了赣北武装斗争的序幕。

1928年9月29日,卢英瑰在河村九峰桥策划秋收斗争,不幸被叛徒陈述熙出卖而被捕。

卢英瑰被捕后，敌人用尽心机想诱降他，但卢英瑰同志坚如磐石，敌人无可奈何，只好把他上解南昌。在南昌狱中，卢英瑰不断地写文章、作诗、绘画，表达他对革命的乐观和对党的真情。他说："敌人只能关住共产党的人，关不住共产党人的心。"他在狱中一直念念不忘党的事业，不忘星子的革命斗争。

1930 年秋，党的忠诚战士卢英瑰同志壮烈牺牲于南昌，时年仅二十八岁。卢英瑰预言的"世界光明"已经实现，他可以欣然含笑于九泉了。

邹木花

邹木花，生于 1898 年，横塘乡故里垄宋村人。

在这个春夜，在这个妇女节到来之际，我的眼前浮现出一个个熟悉的女性姓名来，手无意识地在键盘上敲打出了"邹木花"这个名字。

大革命时期，星子出现过几个奇女子，她们为了人民的解放勇敢地站到了斗争的前列，她们坚毅顽强，不逊须眉。其中有一个女子就是邹木花。

邹木花，容貌秀美，但因家境贫穷，少衣少吃，二十多岁时，已露早衰像。1928 年，隘口乡庐山垄开展土地革命运动，打土豪、分田地、废除封建剥削和债务的运动轰轰烈烈。邹木花很羡慕这块穷人的天地，让她倍受鼓舞，她也时而投入这场运动中。起初她帮着做一些洗衣做饭等力所能及的事。渐渐地她有了觉悟,能帮着一些革命积极分子向反动势力做斗争。就在革命运动开展得如火如荼之时,反动派势力不甘心束手就擒,于是发起进攻。在这样的严峻形势下,中共星子区委派共产党员、赣北红军游击大队分队指导员龚谦来故里垄宋村,进一步发动群众,组织农会,开展革命斗争。这时的邹木花越来越被革命形势所鼓舞,革命热情空前高涨,她不顾村里有些男人们的嘲笑,也不管丈夫的阻止,龚谦来了没多久她就下定决心要报名加入组织。一个晌午,她亲自找着龚谦说:"你不要以为我是一个女人,我也是不怕死的。"龚谦见她态度坚决,在经历了对她的多次考验后,龚谦同意了她的请求。加入组织后,她积极投入革命运动,多次完成党交给的通讯联络任务,不久就担任了乡农会妇女部长。

1928 年 10 月,龚谦在执行任务时被几个靖卫团的人追捕,走在山路上时一不小心摔了一跤,眼看就要被追上,在这危急急关头,邹木花抄小路赶上龚谦,将团丁引向自己并说:"快,快,龚谦就在我家里,跟我走吧。"这才让龚谦得以脱身。靖卫团一路邹木花把靖卫团带到她的家里,推开门故作惊讶,说:"咦,他刚才还在我家。"又惊呼:"快,他从后门跑了!"团丁信以为真,夺门呼啸追出。邹木花的智勇,大抵如此。同年,她加入中国共产党。

1930 年,赣北红军游击队主力北上湖北阳新,反动势力复又嚣张。5 月间,邹木花被捕。靖卫团团长钱式谟对她百般威胁利诱,邹木花坚贞不屈。初冬的早晨,邹木花被押赴刑场横塘铺桥头,天色昏沉,刑场周围群众低低啜泣。邹木花神态从容,团丁用刀残忍地割去她的双乳,邹木花忍痛高呼"红军万岁"而死,时年三十二岁。邹木花虽死,但她作为人民解放斗争中星子妇女的楷模,将永远活在人民心里。

胡茂赏

地球围着太阳转,月亮经历了许多轮圆,当年的孩提渐次跨入老年的门槛,当年的后生已步履维艰,白发如雪,舞榭歌台风流总被雨打风吹去,唯有他"上路"的情景留下了心碑一座,他就是抗日英雄胡茂赏。

说起星子的抗日事迹,自然而然地会想起胡茂赏。胡茂赏是星子县温泉乡人,出生在一个农民家里。

1938年春,日本帝国主义的魔爪伸到了美丽的庐山,伸到了星子。于是,庐山的风变了味,鄱湖的水染了色;于是,房屋遭了火,牲畜遭了殃,人民陷入水深火热之中。为了保卫国家,拯救受苦受难的人民,胡茂赏组织了庐山抗日游击队(后编为九中队,当地的人们都习惯称它为九中队)反抗日本侵略者。

游击队组织起来了,但人少力量小,很难强有力地打击敌人。要扩充队伍,要壮大力量,可是没有枪支弹药怎么办呢?向敌人要去! 于是,胡茂赏领导他的九中队与敌人展开了争枪夺炮的斗争。

1939年冬天,胡茂赏等人在庐山汉阳峰遇到了一小股日本鬼子,立即把他们消灭了,缴获步枪数支。当晚,他们又袭击了星子县城北许家坡日伪驻地,得到一些武器。9月间,胡茂赏为了弄到一挺机枪，一个人化装进入日军驻地新屋陈村，在村民陈维厚的帮助下，很顺利地完成了任务。

为了迅速地装备自己，打击敌人，九中队曾两次攻打日军驻地，第一次是 1949 年 4 月，九中队攻打永修江家桥，在当地群众的支持下，俘保安队五人，缴获长短枪数支；同年 10 月，九中队又攻打姑山，共有六十多名群众参战，攻破了敌人的坚固防线，打得敌人仓皇逃命，缴获了敌人的大批物资。

经过两年的艰苦斗争，游击队的力量迅速壮大。

游击队的扩大，人民抗日力量的增强，给日本帝国主义以沉重的打击。日军着了慌，为了巩固其侵略地位，便大肆搜捕游击队员。1939 年秋，胡茂赏率领部下十余人驻在香山寺。不知怎么被日寇知道了，第二天凌晨，日伪军八十余人将香山团团围住。情况十分危急，胡茂赏带领游击队沉着以待，及时窥探敌情，击毙了敌人的头目及机枪射手，冲出了重围。1941 年 9 月 17 日，九中队二百余人驻在蛟塘街附近。日寇从汉奸那里得到消息，立即调动大批人马，带有机枪七十余挺，还有小钢炮、迫击炮等重武器，分五路向游击队进攻。可是，游击队员们并没有被敌人吓住，他们英勇善战，粉碎了敌人的进攻。

1941 年的一天，胡茂赏到项家墙调解民间纠纷，不幸被敌人发现，经过一阵激烈的战斗，终于寡不敌众，受伤被俘了。

胡茂赏被俘了，日寇头目高兴极了，以为抓到一条大鱼以后就可以用为诱饵，引游击队上钩。他们不曾想过，人也有不爱金钱、不爱地位的，也有不怕杀掉脑袋的，他们只是一心要胡茂赏投降，为其侵略中国服务。

胡茂赏受伤了，日本鬼子请来了最好的医生为他医治，妄想软化其意志，不料，却受到了怒斥："我宁愿做中国的鬼，不愿做日寇的官。"治伤被拒绝了，敌人一计不成又生一计。官位、金钱又在向胡茂赏招手，但是，又被胡茂赏战胜了。软的不成来硬的，日本鬼子见金钱、地位收买不了胡茂赏，就威胁说，要杀死他。但这又起什么作用呢？共产党员是不怕死的……

终于，胡茂赏为国殉难了。

他的葬礼是在初冬举行的，那是怎样的一个葬礼哟？乡亲们在屋子里、窗子下，游击队员们在深山里、树林中为他默默泣泪；伪县长跟着灵柩手举神香，连日军官少佐也低头致意。真是："受创不医，宁死不降，大节足寒倭寇胆；报仇以铁，洗耻以血，成仁永系国人心。"

人民的抗日遇到了日寇的残酷镇压，但更激发了广大人民的抗日激情。他们除汉奸，荡日寇，大长了中国人民的志气。时至现在，胡茂赏、程世章一个个光辉的名字还刻在人们脑海中。

胡茂赏是英雄，不仅仅因为他组织了庐山游击队，更值得人们赞颂的是他的浩然正气，中华民族子孙的不屈气节。到现在，老人们说起他，都要伸出大拇指："他呀，真正的炎黄子孙，有骨气！"接着，他们会深情地回忆胡茂赏遇难前的情景。

胡茂赏虽然牺牲了，但他的英名却永远刻记在人民的心里。

张起霆

　　张起霆（1908—1959 年），星子县蓼花乡竹林村人。少时家道中落，只读了三年私塾就去星子蛟塘镇"义和祥"号当学徒。学徒生涯，对一个十几岁的孩子来说是艰辛的。除了要学会包扎商品、心算、珠算、接待顾客之外，还要打扫店铺卫生，清早要给老板、师傅打洗脸水，吃饭时还要给他们盛饭。有一次店里来了客人，老板叫他给客人盛稀饭，而他却不知稀饭为何物。在老板的催促声中，他盛了一碗粥送上餐桌。老板问他为什么盛碗粥花了那么多时间。他如实回答，自己不知什么是稀饭，厨房里除了干饭就是粥，大概粥就是稀饭。老板和客人听后，都认为这孩子还算机灵。此后，老板不叫他干杂活。他逐渐掌握了珠算、心算和站柜台接待顾客的要领，他的心算在诸多学徒中是出了名的。当时用的秤十六两为一斤，例如，顾客买三角五分钱一斤的粮食，买一斤二两要多少钱？他就能用心算算出来。三年出师后，老板留他在店里当伙计，每月给 12 块钱的工资。干了几年伙计后，他觉得无所作为，在亲友的帮助下，毅然离开"义和祥"，到星子县城租赁了正街一间铺面，创办"宏昌"号。

　　一个二十多岁的青年，第一次来到县城商界闯荡，内心既充满激情，也担心失败，担心自己的理想付之东流。"宏昌"号创办初期，遇到了很多困难，他是上乡人，与当地商界不熟，人缘关系差，更谈不上支持。最困难的是资金短缺，周转不灵，货源不足。面对困难,他没有退缩,而是积极面对,采取了几项有力的措施:一是改善经营,薄利多销,短期赊欠;二是改善关系,从不抢占别家店铺的生意;三是诚实守信,进货时付款说一不二。时间久了,就得到了南昌、九江两地货主的信任。他用自己商号的折子,派人去南昌、九江进货,付一百元现款可进二百元的货物。这样一来,他的少量资金就得到了充分的利用。从此,货源充足,生意越做越红火。在取得上述成绩后,他并没有满足,他深深地认识到,自己店铺的生意虽然红火,但毕竟规模不大,行当不全,要想在县城商界中占有一席之地,必须扩大规模,不仅要有南杂,还要有布匹、百货、五金等商品,不光要有零售,还要有批发业务。他的设想虽然美好,可是资金从何而来?此时,他想到了"义和祥"号的老板李仕汉和他的师傅陈子仲,他们在蓼花、新池都是有名的财主,只要他们肯合伙,资金问题就能解决。李、陈两家基于他原来是"义和祥"的徒弟,对他的人品能力都十分了解,在他的诚意感召下,关闭了"义和祥"。合并后,张起霆将"宏昌"号的决策权移交给李仕汉掌管,自己则充当一名副手。1933年后,庐山成为夏都,星子境内先后创办了各种训练班。一时商贾云集,市场繁荣。张起霆和李仕汉抓住机遇加速发展,经营项目由南杂扩大到布匹、百货、五金、农产品等,并着手开辟了星子县各乡镇以及都昌、海会、田街等地的批发业务,从业人员增到十多人,此时,"宏昌"号已发展成为星子的大商号。和"宏昌"号竞争激烈的另一大商号,就是"益大"号。"益大"的资金、规模、从业人员与"宏昌"不相上下,但在经营的技巧上不如"宏昌"。"宏昌"的从业人员从老板到伙计都十分专业,如同"科班"出身,而"益大"却缺乏这方面的优势。虽然它的资金比"宏昌"还要雄厚,但在竞争的过程中还是赢不了对手。

1938 年,日寇侵占星子,县城沦陷,"宏昌"号停业。张起霆携带自己分得的货物,回到家乡竹林村,开设了一个小小的杂货店。怀着对日寇的仇恨,他思虑着,自己一个商人,如何利用商业这片小天地,做些抗日为民的事?当时,有些物资受日本人控制,如食盐、钢铁等,必须经过日本人的洋行才能买到,民间商店经营这些物资是"违禁"的。张起霆利用杂货店做掩护,秘密地做起了"东河"生意。"东河"就是都昌、鄱阳、景德镇一线。当时都昌还没有落入日寇之手,星子与都昌隔湖相望,而竹林村又靠近鄱阳湖边缘,地理条件十分优越。于是,他就利用每年冬季湖面狭小便于"偷渡"的有利时机做食盐、钢铁生意。他从都昌购进的食盐、钢铁秘密地销售给当地百姓,价格比日本洋行要低好几成,使附近一些百姓经济上既得到了实惠,又缓解了无盐之苦。这种生意是要冒很大风险的,一旦被日寇得知,不仅经济上遭受损失,还会有生命危险。他不顾家人与亲友的劝阻,1942 年冬"偷运"盐铁,被汉奸发觉后向日寇告密,小杂货店被查封。张起霆事先得到消息逃往都昌。日伪在杂货店里没有查出违禁物资,也就不了了之。1944 年,他从都昌回乡务农以示抗日之心。

1945 年日寇投降,张起霆就返回县城,重新组建"宏昌"号。1946 年"宏昌"号重新开业。李仕汉性格内向,对外事务全部落在张起霆身上。他在店里的任务是管理批发和进货渠道,更多的时间则是与商界、军界、政界打交道,如平衡同行之间的关系,平息商战中的有关纠纷,应付军政界的敲诈勒索。在一次推举商会会长聚会上,有很多老板推举他当商会会长。他考虑到自己在"宏昌"只不过是一位股东,如果自己当了会长,那将置大股东李仕汉为何地? 如果推举李仕汉当会长,他又不善于同外界打交道,也是当不好的。再说当会长一定要有政治背景,没有后台也是当不好的。为此,他力排众议,推举李某当会长,取得了投桃报李的功效,使很多难以平衡的关系都变得顺畅了。在应付军政界的勒索时,他据理力争,不卑不亢。有一次南康镇镇长艾某以抽壮丁为名,绑架了"宏昌"号的小学徒,以此敲诈钱财。店里股东胆小怕事,既不花钱赎人,也不设法营救。张起霆对这种态度十分不满,表示一定要设法营救小学徒。他在商界奔走疾呼,如果艾某的诡计得逞,下一个目标就是其他商号了,不能让艾某任意敲诈,一定要据理力争。绝大多数商号在他的鼓动下,同意联名上书星子县政府。理由是小学徒未到法定当兵年龄,这种绑架是违法的,是不能接受的。如果县政府让艾某胡作非为,他们将罢市以示抗议。县长怕引发民愤,斥责艾某做事荒唐,立即释放了小学徒。这次事件的胜利,提高了张起霆在商界中的威望,得到了大家的信任。1947—1948 年之间,国民党四十九旅驻星子士兵经常骚扰各商店,后来竟发展到商品随意拿、员工任意打的局面。各店铺苦不堪言,一致推举张起霆出面与四十九旅交涉。他当仁不让,巧妙地以送"保境安民功德无量"八字匾为名,求见旅长。旅长见匾后心知肚明,对这种明褒暗贬的做法也不好发作,只得接受匾额深表谢意。不久就出了一张严禁士兵扰民的布告，从此，县城商店得到了相对的安宁。

在三十年的商业生涯中，张起霆由一个小小的学徒成为"宏昌"号大股东之一，在商界同仁中享有一定的威望，这就是他为人正直、自尊自强、诚实守信、胆识过人的结果。1959年张起霆病逝于竹林老家，年仅五十一岁。

张起熙

张起熙，生于1910年，星子县蓼花镇人。他少年丧父，母亲是个极有远见的女子，尽管家境贫寒却设法让他读书，他每天除了帮母亲分担家务外就是埋头苦读。1935年，他毕业于天津工学院。不久，在安庆高级工业职业学校任教，其间引导学生实习，并设计制造农机。1938年6月，日寇占据安庆，学校迁往长沙。张起熙调往贵州，在国立第三中学任教，眼看山河破碎，内心愤恨不已。他任教班上，纪念鲁迅出墙报，受到非议，他据理力争说："是非自有公理。"

1940年，张起熙回到江西工业专科学校任教，他自编教材，培养了一批机械专业人才。1943年任教于赣省中学，因迁徙遂川、乐平，再回南昌。在艰苦的迁校途中，他不辞辛苦，爱生如命。有些学生与家中断了音信，生活无着，他经常给予资助，同时鼓励学生勿忘国耻，认真学习。

1945年日本投降，张起熙返回家乡，看到故园满目疮痍，感慨万分，见到青少年失学更是痛心，他决心离开省城返乡办学。在家乡人民的支持下，他办起了"华光小学"，招收学生百余名。不久，县长张国猷任命张起熙为蓼花乡中心国民学校校长，他表示：华光小学开课已周余，入校青少年已逾百人，不若暂将中心学校之经费，充华光小学设备。后来，张起熙与欧阳良柱等人一道，于1946年秋创建了星子县初级中学，张起熙任教务主任。

一个暑假的傍晚，妻子宋林香说："起熙呀，我俩结婚这么多年了还没一儿半女，求你把我休了，再找个妻子传宗接代吧。"张起熙回答："爱妻呀，我一向认为，学生就是我的后代，你以后不要再提此事了。"

1949年5月星子解放，人民政府接管了学校，县长常流兼任校长，张起熙主持日常工作，为稳定师生情绪、克服生源不足等，立了不少的劳绩。1952年全区初中毕业统考结果，星子县中名列前茅。同年，专署任命张起熙为该校副校长。为了巩固成果继续前进，张起熙觉得应培养后继者，便多次向专署、县文教局提出：将青年教师戴绳祖送去深造。戴上任后，星子县中连续三年为全区之冠。

1953年，张起熙调往九师任教，曾任数学教研组组长、工会主席等职，多次出席地、市劳模大会。1959年经省委批准，张起熙为出席全国群英大会特约代表。会后九江地委成立了报告团，张起熙是主要成员之一。他毕生献身教育事业，任教四十余年，桃李满天下。

张耀东

褐色的面肌犹如干裂的树皮,而发苍苍,而视茫茫,而知觉迟钝,很容易使人想起鲁迅先生《出关》里"一段木头"似的老聃。一个垂暮的生命,一盏枯竭的油灯,一根即将熄灭的灯草……这便是当年那以"国家兴亡"为己任,在沧海横流中"冒天下之大不韪"的"匹夫"么?我不禁有些惑然了。

而往事,历历如铁:"我生于光绪末年,虽然家世贫寒,却是几代书香。县立高小毕业后,我便在家作田,也教过私塾,我喜欢钻研古文,仰慕尧舜周公之治。认为世界各国内政外交,应本乎人道文明精神,排除武力抵制战争。经历民国以来的动荡,我深感国家不团结,乃是最大的痛苦,主张毛蒋合作。先后撰写过《催促人民抗日》和《人必先乎注重内治》的文章,以及'汉族骨头打骨头,两相凶并内冤仇。中流砥柱肩挑起,东月西厢告主谋'等俚句。'文化大革命'一来,'破四旧','造反',许多古籍都烧了,不少好人都被逼死了,说是'大民主',比'君主'还厉害。么事'万岁''万寿无疆',哇些不值钱的事,跟信菩萨一样。人哪活得万岁,我看百岁也难寻,我又编了首顺口溜:'百岁也无万岁扬,健康祝告理应当。'第三句记不起了,末句是'民主应当改口腔'。我把主张毛蒋合作,反对焚书武斗的意见和那些俚句,都工工整整地抄好了。"老人完全陷入了往事的回忆。城可倾,山可平,只是区区一点诚呀……

一个体格魁梧,四十五六岁的农民,老人的儿子张海松接过了父亲的话头："父亲带着被服到乡里'上书'，当时我还在吴城砍柴，听到讯急得不得了。知子莫若父，知父也莫若子呵。父亲秉性耿烈，虽然一生不愿为官从政，却总说国家不团结是最大的痛苦，在这方面写了不少东西。我们做儿女的很担心。我总想偷来烧掉，母亲怕我父子结怨，不等我烧……乡里赵先义书记，给父亲倒了茶，劝父亲回去。父亲却说：'我准备坐牢，衣被都带来了，只求急速把意见呈上去。'不久，父亲就被抓起来了，经常揪到各大队去批斗，要他'认罪'他总是不作声。后来关进了公安局。第二次回到乡里批斗时，父亲一头撞到墙上血流不止……父亲成了'反革命'，我的民办教师也脱了，连孙儿孙女都受人欺侮。村里实在不能容身了，我只得携儿带女逃往金湖……"

老人接过了话头："我也晓得是以卵碰石，国家不团结实在是最大的痛苦呀！'造反'又把些忠臣都扳倒了，中国怎么得了呵！人生一世，草木一秋，我当时已六十岁，便豁出来了……果不其然，判了我二十五年……"海松插话说："1979年，形势好了，我去探望父亲，父亲年老多病，农场准许保外就医。"老人接着说："回家一年多，株湖农场来人，送来了平反昭雪书，是宜春市中级人民法院的，还送来了一百块钱和衣被等。"

海松又插话说："父亲在九江三监时，还写信回来告诉乡里，屋里埋了四十多块银洋，后来乡里来人起去了。"老人打断了儿子的话："扯那些陈芝麻烂谷子做么事，人生在世要知足呀……而今的年轻人，那双三块八毛四的袜子，本来可以穿上十年的，孙崽一年就穿掉了，咳！"

四十块银洋,三块八毛四的袜子,何故慷慨大方而又吝啬也? 老人家真是老糊涂了么?

老人家读书并不多,诗也算不得文雅。仅就文章学问而论,怕只算得三家村的冬烘哩。三家村的冬烘,当然算不得国家的栋梁,也称不上民族菁华。张耀东老人,不是大树和鲜花,而是泡沙墩上巍然屹立一棵草。

张国猷

张国猷,1904 年 3 月 18 日(清光绪三十年二月初二)出生于星子县高垄破屋张家(今庐山水泥厂西)。1924 年 11 月从星子县江西省立十三中肄业,与姑表兄弟陈纪常(剑飞)前往广州,考入黄埔军校三期(与王耀武、康泽同期,比林彪、张灵甫高一期),1926 年 11 月毕业。历任国民革命军排长、连长、营副、少校参谋、少校营长、中校参谋、中校团副、团长。

抗战爆发。1938 年 4 月,张国猷随部第九十三师(独立第三十三旅改编)北上,参加徐州会战。5 月即调入头年组建的俞济时第七十四军,任第五十一师一五一旅第三〇二团团长。在兰封重创日军第二师团。

1938 年 6 月武汉会战开始。7 月 23 日日军波田支队在张国猷家门口的谷山湖姑塘镇登陆九江,随即兵分三路:第二十七师团沿九(江)瑞(昌)武(宁)路,第一〇六师团沿南浔(九江—德安—南昌)路,第一〇一师团沿九(江)星(子)德(安)路犯我。第七十四军奉调从德安赶赴乌石门、黄老门阻敌。敌第一〇六师团在金官桥受挫难前。9 月 25 日，敌第一〇六师团在马回岭整补 20 多天后，突然以主力轻装冒险向西杀去，欲图从瑞昌、德安之间迂回武宁，此实为日寇一招狠棋。第九战区第一兵团司令薛岳急令俞济时第七十四军赶往岷山一带堵歼。

10 月 2 日，张国猷随部第五十一师一五一旅在万家岭张古山与敌第一〇六师团先头部队展开遭遇战，第一五一旅抢占张古山制高点及通南昌路口。"3 日拂晓至黄昏，日军集中主力猛冲十余次，双方白刃相接，肉搏数次，战斗之烈为以前各战场所未有。山上山下，敌我横尸遍野。"（时任第五十一师少校作战参谋叶方华回忆录）。薛岳急调德星、南浔、瑞武各路大军合围万家岭。10 日万家岭战役结束，除敌第一〇六师团长松浦淳六郎中将仅率千余人仓皇逃窜外，其余一万余人被全歼，创造了武汉会战期间唯一全歼日军一个师团的战绩。叶挺高度赞誉称"与平型关、台儿庄鼎足而三，盛名当垂不朽"。第一〇六师团因此颜面丧尽，蒙羞"第一弱旅""死亡师团"之名，1940 年被撤销番号。

1939 年 8 月，第七十四军在宜春整编，取消旅建制，师下设三建制团及一野补团。张国猷任第七十四军五十一师一五二团团长。1939 年 9 月，张国猷随部参加"高安会战"（第一次长沙会战）。

1941 年 3 月，震惊中外的上高会战开战。第七十四军五十一师与日军池田旅团展开混战，张国猷率一五二团在狮子岭与敌血战，身上小腿、右手臂、肩部多处受重伤，转入长沙湘雅医院治疗。

1942年5月,张国猷被任命为星子县县长(一说兼浮梁、鄱阳、德兴、乐平、星子五县行政督察专员。张国猷1941年脱离军职,但1946年主修张氏宗谱时署"少将"军衔,考国军军衔有职务、铨叙两种,衔高职低现象普遍。军队"少将"对应地方也似"专员"级别)。当时星子沦陷,流亡县政府原设在都昌土桥,1944年4月迁杨家山。张国猷一方面积极组织流亡地的难民自治、自救,另一方面全力开展沦陷区的敌后游击。

张国猷到任时,星子游击抗战已经跌至低谷,"星子人民自卫大队"(即前提及游击队"九中队")的两任领导人胡茂赏、程世璋先后被日伪杀害(胡茂赏于1941年4月23日在归宗项家墙被俘,程世璋于1941年9月27日在蛟塘大屋郭被杀)。在日伪"围剿"高压下,后任领导人张起钧(东山村人)于1942年9月、11月分别在蛟塘、南昌与日军进行"投降谈判"(至今真降假降成谜)。1943年9月,张国猷令张起钧领"自卫队"撤往都昌休整,借机将张起钧等骨干枪毙,将"自卫队"改编为"保安警察大队",自任大队长。

张国猷还任命胡度平(仕林村人)为游击队指导员,以游同庆、胡运洪为骨干,组织游击队"三中队"。在大屋潘、大屋赵两次成功伏击日军。任命陈英烈(陈家垅人)为区长,策动码头镇陈作振、姜振凤等9名群众智夺庐山含鄱口日军哨所。

1944年8月17日,援华美军十四航空队(飞虎队)飞机轰炸日占区九江交通线时,飞机被击落。钱浚率领的庐山游击队成功将7名飞行员护送至杨家山张国猷县政府。张国猷将其收编为"反敌行动大队"（战工队）。

1949年2月，张国猷任江西省保安司令部少将副参谋长，5月兼南昌警备司令，同时被委以国防部青年救国团赣西北义勇总队长。

1950年，张国猷因反革命罪被处决。

张起焕

张起焕又名醉新，蓼华乡人。毕业于北师大，与邵式平为同学。他学识渊博，谦逊，立志改革现状，抱定"教育救国""科学救国"之理想，先后从事小学、中学、大学教育四十余年，著书立说培养人才，竭尽了毕生精力。

他出生于1888年，青少年时代勤奋好学，文章出众。就读南康中学时，参加白鹿书院举办的考试，试必获奖，名列前茅。中学毕业后因家境贫穷未能升学，乃在乡里教私塾，后被推荐到德安县城关小学教书。旧中国三教九流，诸工百匠，教师也在其列，名曰"教书匠"。俗话说："家有三斗粮，不做孩子王。"而张起焕，"家无三斗粮，愿做孩子王"。因有其志，虽达官贵人所不屑，亦安然若素。

1914年，张起焕入北京师范大学学习时，年已二十六岁，真可谓一名"大"学生。1919年5月4日，北京各高等学府数千名大学生聚集在天安门前游行示威。高呼"外争国权，内惩国贼""火烧赵家楼，痛打章宗祥"，在这激昂慷慨、怒发冲冠的人群中，就有张起焕。他在新思潮影响下又取名"醉新"以明心志。1920年毕业于北师大,因成绩优良留校任助教,兼故宫历史博物馆馆员,后升讲师。

当时,江西籍学生邵式平、黄道、张起焕都是北大的高才生。他们在指点江山各言其志时,谈到张的科学教育救国论。邵对张说:"当前恐怕行不通吧!"张当时不知,及邵式平、黄道回到江西与方志敏在赣东北建立革命红色政权时,才知当年两位同学真有救国之策!

张醉新在教学中深感生物学方面教材贫乏。便自己动手,日夜伏案写作。计编有《生理卫生学》《植物学》《动物学》三部教科书,由中华书局出版发行全国。还有《生物学》,虽已脱稿,后因南下未印出。所得稿费四千元,在家乡建房屋一栋,分给诸兄弟居住,以免长期住地主庄屋。

他爱憎分明,对当时北京诸名教授各有所褒贬。他最爱听鲁迅、李大钊的宣讲。但对北师大丁文江教授虽受业其门,仅尊其学术而未敢恭维其他。回到江西后,理想萦怀于脑际,夙愿涌现在心头。他想:不大力兴办教育,怎能改变落后面貌?不积极学习先进科学技术,怎能与西方国家并驾齐驱?他身体力行,在南昌一中和赣省中学同时任教,还让五弟张起熙升大学。当五弟在天津工学院毕业后,又荐其到安庆工业专科学校任教。张醉新的儿子张讷(闻韶)在北京艺术学院毕业后也到南昌教书。

黄正中报考赣省中学时,因是一双跛脚发生激烈争论,虽然该生考试成绩优良,但学校不肯录取。有人说:"培养这号人有何用?"张醉新立即争辩说:"不能以貌取人,古代军事家孙腘不也是拐脚？毁掉人才是罪恶。"黄正中终于被录取了。后来全省高中毕业统考，该生名列第一，现为上海交通大学教授。跛脚终于成为有用之才。后来学生称赞说："伯乐能识马，张老师善识才。"

他不满现状，立志改革。他发现各校设备简陋，教学班子差，便大声疾呼改革教育制度，并在省教育刊物上发表长篇论文，建议全省集中人力、物力，兴办重点中学，以便多出人才、快出人才。但反动政府置若罔闻，虽有治理化建议，却只能付诸流水。这才悟出邵式平在北师大时所讲的"行不通"。

一次南昌市教育界开会，决定向省政府请愿。全市教员齐集省政府门前要求改善教师待遇。张醉新被推选为代表之一。当与省政府权威人士辩论时，张醉新言辞激昂。而省政府当局理屈词穷乃至恼羞成怒。人群未散即听说："把那穿黑长衫的抓起来。"张醉新是穿黑长衫的，他急速挤入人群脱掉长衫，一场混乱化险为夷，人们称他能坚持真理、不畏强暴。

他把教学工作作为终身职业，也把教育事业作为理想追求。有人要他任教育厅督学，他总不忍离开教学岗位。后来想到调查了解全省教育工作情况，对兴办教育培养人才是个借鉴。于是，他在两年督学工作中跋山涉水，走遍全省许多学校，掌握了教育方面的丰富资料。照理有一番工作好做，但督学只有汇报之责，而无执行之权。汇报材料进入档案就如石沉大海。

由于蔡元培的举荐，张醉新任江西科学馆馆长，但那时科学馆设备简陋，并非理想中那样完备，科学仪器只不过现今一所中学实验室的规模。具有讽刺意味的是当年蒋介石坐镇南昌指挥"围剿"红军的行营,居然变为科学馆址。直至今日仍然是南昌市青少年进行科学文化活动场所。

购置仪器物品,制作教具标本,绘制教学挂图,在新馆长领导下,紧张忙碌地筹备着。特别是制作标本,他在师大时学得的一手高超技艺,现在正好大显身手。如果你参观他制作的动物标本陈列室,就像进入动物园。各种动物生动神态栩栩如生,有的惊疑四顾,有的虎视眈眈,有的振翅欲飞,使人目不转睛,流连忘返,印象深刻。为了广泛培养人才,他还举办了几期标本制作专业班。他教学有方,诲人不倦,为各地输送了一批批骨干。

日本帝国主义侵略中国,大片国土沦于敌手。千万人民流离失所。此时省政府已南迁泰和,科学馆亦应随之南迁。在这惊慌迁徙中,张醉新坚持先公后私。从南昌出发时,他首先将科学馆所有箱子物品全部装上汽车。有人提议说车组容量有限,可把价值不高的物品留下一些。他肯定地回答说:"馆里的物品一件也不能留下。"于是挤上几个人,带点生活用品便开车南下。一路上难民络绎不绝,哭声载道,真是"郁孤台下清江水,中间多少行人泪"。

张醉新带着一"馆"一"家"来到泰和。在泰和下车时,仍按先公后私原则把馆里所有物品先行卸下。正当他清理馆里物品时,家里有一只箱子还未卸下,司机就将汽车开走了,家人大叫"箱子、箱子",而他在清点任务完成后却说"很好、很好",馆里物件齐全不缺。

有人说他似有"呆气"，他却自我解嘲，念一句孔子家语"人遗弓，人得之而已"。

科学馆再次迁遂川。为避免轰炸，张醉新等人逃进深山老林，并办起教学仪器小工厂，生产地球仪、凸凹面镜，制作挂图等。江河破碎，人民涂炭，国难民忧集于一身。但他镇定自若，领导同仁为科学教育事业不断工作。

由遂川再辗转于宁都、乐平，家财丢弃将尽。然而科学馆的白金坩埚始终藏在他胸前，仪器不缺，真是"千金难买心头愿"！

南昌解放前夕，仍有人逃跑。张醉新坐镇馆内，将仪器、物品一一装箱封存，然后对全体馆员说："我们与科学馆共命运，一个也不能走。"并进一步解释说："人在馆在，人逃馆空。"大家守住科学馆直至南昌解放。人民政府接管科学馆时箱物原封未动。

一次，江西省省长邵式平来到科学馆，对张醉新说："你在北师大读书时教育救国的崇高理想，当时我说过'行不通'的话。现在新中国成立了，英雄有用武之地，你的理想可以实现了。"张醉新热血沸腾，倍增勇气。他决定写一部科普书。不久中国科学院电调他去北京搞化石标本，但因年老未能成行。他预感岁月之不与，更促其伏案写作，他深想为祖国为人民多献余热。1952年9月5日，张醉新与世长辞，案头上留着未完的著作。

张醉新为科学教育事业付出了毕生精力。虽在有生之年未完其志，但他浇灌的满园桃李，已开出鲜艳之花，结出丰硕之果。他培养的五弟张起熙,他的儿子张讷都从事教育事业数十年。他的长孙女张敏是特级教师,次孙女张政亦为教育界名士。更有无数的后辈正驰骋在新中国建设征途之上。思日月之不淹,惜年岁之不与,望理想火炬永放万丈光芒。

干伯唐

民国时期,星子文学创作有成就的算干伯唐一个。干伯唐出生在一族五进士、十八代书香门第的海会干村,有着深厚的家学渊源。他少幼颖异,通贯经史,工诗善画。早年曾游学日本,后在上海《申报》做过记者,参加过直奉战争,任过大实业家的幕府文书。抗战时期执教他乡。

干伯唐的文学创作根植于深厚的儒家传统思想之中,同时受到释家思想的影响,还接受了民主科学思想,一生淡泊政治,但他又是一位充满激情的民族主义者、爱国诗人,他感慨自己一介书生无法抛弃家小上战场,又极度憎恨日本鬼子的残忍和猖狂。"河山破碎萦诸梦,家国论亡系此心。犹是躬耕人未老,空将梁父独行吟"(《感怀二首》)抒发了自己壮志难酬的苦闷。"可有怒涛飞十丈,排山倒海捲倭奴。闻说钟馗能啖鬼,可将鬼子当馒餐"(《端午口占二首》)则发泄他对日本鬼子的愤怒。他的散文《烈妇塘》有力见证了日本军国主义在星子犯下的滔天罪行。干伯唐的诗歌创作,就题材而言,除了一些咏物和酬赠之作外,大多是直接描述和感叹自己人生经历的感事和咏怀之作。

这些咏怀感事之作，皆不失佳篇佳句，"十年沉沧湖海梦，蝇头蜗角尽牢笼"（《南旋》）抒写自己的困顿，壮志不酬；"襟怀顿与云烟阔，眼界都从世路空。蛟蟒腾霄龙困泽，休将成败论英雄"（《与觉初畅谈倡成一律》）既感慨自己怀才不遇，又暗示自己非等闲之辈。其感事诗中，则以写"寻花问柳""怜香惜玉"之男欢女爱见长，如"误题红叶多情句，怕读青楼薄幸辞。犹忆文君初听曲，凤头鞋窄步步迟"（《留别某仙馆》），"琴也知己萦心地，花月因缘冗性天"（《书玉青女士》），"杨柳楼头悲夜月，芙蓉江上怨秋风"（《代皖友张劻情场中变作》），"独有扣门红拂在，紫罗衫映月如钩"（《咏雁束红》）等，既真率无忌，又婉丽缠绵。其咏物诗不多，但亦有佳品，如《咏梅》《咏菊》《咏蔷薇》等，其中《咏梅》有云："孤标么许幽人赏，冷艳奚容俗子控。雪压岭头香愈瘦，月明林下梦犹酣。"辞彩俊逸，意境幽婉。

干伯唐诗歌的表达方式，大多是直抒胸臆，即使是一些堪称佳作的感事诗，修辞上也很少有隐喻、衬托之类的手法。其诗语言明朗俊逸，偶尔用典，也通俗易懂，但略少了一点冷静和含蓄，这与他刚直率性、怀才自得的个性有关。干伯唐的对联比诗写得更好，据他的门生陈善先生称："先生作联，多半是信手拈来，即口成吟。"这证明他在对联方面确有天赋。从现留存的几百副对联来看，多数质量都高，细细品读一些对联，的确是信口吟成，几成绝对。如写时局的开封宋午门联："泾水碧广南渡口，夕阳江似靖康年。"写秀峰寺联："秀延鹤岭松间月，峰接龙潭水底天。"干伯唐的祖先曾在县城南建有书堂，名曰"湖山堂"，他作联纪咏："湖到波心天作岸，山登绝顶我为峰。"诸如此类的联语,在其联集中可谓琅秀纷呈。

在长达二十多年的战乱年代,干伯唐创作了两卷诗歌和一卷联集,共存诗三百六十余首,联三百五十余副,他是民国时期本邑留存作品最多的作者。

易美玉

在"女子无才便是德"的旧社会,星子妇女有个不成文的雅号"里头人",不言而喻,"里头人"就是只在家里围着锅台转,不能参与社会上的政治经济活动。新中国成立后换了新天,广大妇女从"三从四德"的枷锁中解放出来,同男人一样积极投入火热的社会变革中,时任蓼花乡副乡长兼妇女主任的易美玉同志工作积极性特别高,她被派到联丰大队蹲点,深入农户家中,与广大妇女交朋友,同吃同住同劳动,把党对妇女的关怀和期望融入每个妇女的心中,从而大大提高了广大妇女的思想觉悟。在她的引导和鼓动下,在长期的劳动中涌现出胡桂英、陈炳姣、卢桂桃、欧阳秋娥、万菊英、李艳香、李玉珍七个女青年,这七个平均年龄只有20岁姑娘组成了"七姐妹"战斗队。在社会主义艳阳天里,谱写了一曲曲可喜的篇章。

"七姐妹"在当时只是一群涉世不深的小姑娘,刚开始参加劳动时,挑担不会换肩,犁田牛不听使唤,驶的田深浅不一,犁路弯弯曲曲,漏花犁特别多,耙田时站不稳,常从耙上掉下来,割脚扭腿时有发生,插秧速度慢,歪斜不成行,常常被插秧速度快的男人"关笼子"。出于对美好生活的向往,她们虚心学习,艰苦锻炼,在劳动实践中深深体会到要提高劳动效率,必须改良劳动工具,在实践中设计出一些改良工具图纸,请能工巧匠陈维英等做出来,有木制插秧机、单人操作的木制双铧犁、双刀割谷机、木制脱谷机、木制洗碗机、提水机和铁木结合打井机等,通过工具的改良大大提高了生产效率。慕名参观学习者络绎不绝。从现在的发展情况来看,这些简单的工具是微不足道的,但"七姐妹"的敢闯敢干精神和超前的改革意识仍值得推崇。

"七姐妹"的成长历程,始终沐浴着党的雨露春风。组建伊始,中共星子县委、蓼花乡党委就洞察出这株新苗的生命力,相继派得力干部扶助成长。地、县、乡三级妇联派得力干部常年驻点为"七姐妹"总结经验,解决生产生活中遇到的问题和困难。1958年春,省妇联主任朱旦华亲自来联丰大队接见"七姐妹",与她们谈生活、谈社会主义美好前景,使"七姐妹"受到了极大鼓舞!

1959年"三八"妇女节,"七姐妹"荣获"三八"红旗手光荣称号。人民日报、江西日报、九江日报纷纷派记者采访"七姐妹",介绍"七姐妹"的成长历程和成功经验。

江西广播电台特邀蓼花乡妇联主任易美玉同志向全省广播"七姐妹"的先进事迹,还为"七姐妹"拍摄了新闻纪录片。

1959年国庆,欧阳秋娥代表"七姐妹"参加国庆十周年观礼,受到毛主席接见。

曹国英

　　曹国英,小名桑子,生于1919年。父亲曹述贵是当地的保长,也算得上个有头有脸的人物。国英七岁就去县城读民国小学,十三岁毕业返乡,十五岁在父母的操办下与当地年长他四岁的郭姓女子结婚,次年儿子降生。1937年7月7日,卢沟桥的一声枪响,中华民族的噩梦从此开始,曹国英的理想和全国其他青年一样,被日本兵的铁蹄踏得十次碎。国家兴亡,匹夫有责,在国难当头的时刻,他冲破家庭阻力,踏上了寻找抗日救国队伍的征程。

　　经过几番转折,他终于参加了鄱湖星都建安(旧南康府四县)抗日游击队。由于他有文化,被大队长老陈、老肖安排在鄱湖司令部(设在进贤)做文书工作,分管组织、人事、行文等事务。1940年春,曹国英身患重疾,转往都昌疗养,两个月后回星子樟树曹村老家。

　　在家期间,鄱湖司令部的老陈、老肖等星都建安抗日游击队长官及星子的胡茂赏、刘茂长等人经常化装来看望,并商讨一些有关抗日的事项。

　　1940年仲夏,大地被太阳烤得炽热,庄稼一片枯萎,整个樟树曹村,只有村口这棵镇村之宝的古樟,像个威武的斗士,屹立在烈日下。7月13日,天出奇的热,下午3点左右,游击队员汪道满、宋尚士等四人,身穿钉有九粒扣子的游击队队服,腰挎盒子枪,秘密来到樟树曹村,与总部干事曹国英研究打日军的具体事宜。由于要讨论的事多，一直到晚上才结束。用过晚饭后，他们看中了曹国英家门前用木板搭的一个高丈余，可供十多人睡觉的凉台，准备好好睡上一觉，下半夜再回去。

就在当天下午5时，离樟树曹村东边不到3里的长西岭赵村人赵猁狲（日伪保安队员），去颜家村野老婆家过夜，正路过曹家门口，发现情况有异，疑似有外乡人经此活动，便偷偷地溜出村子，直奔星子县城，向日本驻军汇报。当赵猁狲走到蓼花乡巷里村时，正撞上十几个保安队队员领着一群日军，去蛟塘乡湖下李村抓抗日游击队。鬼子听了赵猁狲的告密后，就命令赵猁狲带路，趁着夜色，悄悄逼近曹村。

晚上9点多钟的时候，曹国英和汪道满二人几乎同时被一阵急促的狗叫惊醒，他俩推醒队员，掏出短枪，往下一看，不禁打了个寒战。日军和汉奸早已把外面包围得水泄不通。他们四人在里面相互使了个眼色，把枪抛向台下的稻田里，先化装成普通农民与几名在凉台上睡觉的村民顺着梯子从凉台上下来。日本兵发现了曹国英，他在逃跑时有些慌乱，一只眼睛被凉台旁边的树枝子刺中，眼珠挂在了尖上。曹国英因此被日本兵五花大绑，押到县城，关押在县保安队的牢房里，不许任何人探视，并对他严刑拷问，想从他口里得到抗日游击队的更多情况，但他始终守口如瓶。汉奸对他失去了耐心，在关押了五十多天后，将他押往南康城东门湖边，用刺刀把他活活捅死，曹国英时年二十一岁。

近现代

87

孙英杰

孙英杰(1911—1977年),号猴官,蓼南乡人。

三国时,神医董奉行医找药来到了庐山,便被庐山的美景所吸引,于是在庐山般若峰下住了下来,在此种杏成林,治病救人。他给人治病不要钱,只要人以谷换杏,再将换来的谷散给穷人,现在医界中的"杏林春暖"就发源于这里,董奉远去了,但他这种高尚的医德一直在星子传承下来。孙英杰就是这样一个好医生。

孙英杰,祖籍江西樟树,早年丧父,家境贫寒,全靠母亲给人帮工为生。他的母亲是个有个性和见识的女子,在生活极度困苦的情况下,还坚持让他读了四年私塾,做国药徒工五年。他勤奋好学,钻研医术。及弱冠,在和公塘设店行医,铺号"回春堂"。英杰素性重诺,不贪于富贵,不鄙于贫贱,急病人之所急,对贫困患者常免减医药费用。

新中国成立后,在回春堂的基础上成立了联合诊所,孙英杰为所长。1960年调星子县人民医院任中医师。经过多年的临床实践,擅长于内、外、妇、儿科,尤其对脾、胃病变深有研究。他认为:脾胃为后天之本,气血生化之源,胃气失调有关,大凡一切病后调理、虚劳虚损、营养发育不良等慢性病症的调治,都应着眼于脾胃。如东风船厂孙某,女,32岁,经多方治疗无效,1972年5月,转与孙诊治,通过西医诊断为再生障碍性贫血,经过辨证,为脾虚气弱,治宜健脾益气,佐以化痰,经治三月痊愈,五载未复发。史某，男，44 岁，腹胀腹痛呈阵发性发作，常伴昏厥呕吐，达三年之久，经上海、武汉等医院诊断为血卟啉病，亦名血紫质病，用药无效。1970 年 5 月，经孙诊断，属脾胃虚实夹杂，伴有痰食气血凝结，治法以调补脾胃为主，佐以攻消，就诊三次痊愈，七年未见复发。此类医案，难以胜计。孙英杰遗存之临床经验，经其子整理为《医案医话》。

附：历代人物名录

乡 举

宋

于　沅　康定元年庚辰(1040年)

郭长和　康定元年庚辰(1040年)新野知县

汪　革　绍熙二年辛亥(1191年)

郭元仁　绍熙二年辛亥(1191年)讲学白鹿洞

于　圭　宝祐元年癸丑(1253年)

郭谦礼　宝祐元年癸丑(1253年)广平太守

郭孟陇　宝祐元年癸丑(1253年)桂阳州州判

查云龙　咸淳六年庚午(1270年)

李　璋　咸淳六年庚午(1270年)中书舍人

元

郭俊用　至正十六年丙申（1356年）训导

郭文进　至正十六年丙申（1356年）曲江县县事

李孟昂　至正十六年丙申（1356年）重庆执事

郭勤用　至正十六年丙申（1356年）白鹿洞训导

黄荒中　至正十六年丙申（1356年）武定知州

明

张　瑜　洪武二十年丁卯（1387年）教谕

沈　游　洪武二十年丁卯（1387年）

杜　谦　建文四年壬午（1402年）

廖　敏　建文四年壬午（1402年）刑部主事

程　清　永乐三年乙酉（1405年）知州

郭　昱　永乐三年乙酉（1405年）知县

杨　旦　永乐三年乙酉（1405年）国子监助教（"杨"一说
"欧阳"）

黄　维　永乐六年戊子（1408年）知县

何　进　永乐十二年甲午（1414年）助教

熊　宪　永乐十二年甲午（1414年）训导

江　渊　永乐十二年甲午（1414年）

戢　桧　永乐十二年甲午（1414年）训导

潘　鉴　永乐十八年庚子（1420年）

叶　瑾　宣德十年乙卯（1435年）

陆　溥　宣德十年乙卯(1435 年)

刘思政　宣德十年乙卯(1435 年)

刘　衢　正统三年戊午(1438 年)教谕

朱　让　景泰元年庚午(1450 年)知府

陆　铭　景泰四年癸酉(1453 年)训导

刘　锁　景泰四年癸酉(1453 年)

李　昊　景泰七年丙子(1456 年)知县

黄　环　天顺六年壬午(1462 年)太湖令

黄　化　成化元年乙酉(1465 年)桂平知县

左　庆　成化四年戊子(1468 年)应天治中

叶　晟　成化十年甲午(1474 年)教谕

董　溥　成化十年甲午(1474 年)

梁　贵　成化二十二年丙午(1486 年)

李彦成　成化二十二年丙午(1486 年)会稽知县

余　劲　弘治十一年戊午(1498 年)教谕

江　锦　弘治十七年甲子(1504 年)科分无考

梁尚德　嘉靖元年壬午(1522 年)

陈　定　嘉靖元年壬午(1522 年)同知

刘鹏堂　嘉靖元年壬午(1522 年)教谕

李时荣　嘉靖二十二年癸卯(1543 年)

夏玉成　嘉靖二十五年丙午(1546 年)知县

殷廷举　嘉靖二十八年己酉(1549 年)知县

汪景荣　嘉靖三十四年乙卯(1555 年)

李国彩　隆庆元年丁卯(1567 年)

程克昌　隆庆元年丁卯（1567 年）

周　林　隆庆四年庚午科（1570 年）

黄道宏　隆庆四年庚午科（1570 年）福建运使

吴中立　万历十年壬午（1582 年）同知

但启元　万历十六年戊子（1588 年）琼州知府

陈道济　万历十九年辛卯（1591 年）

但调元　万历二十五年丁酉（1597 年）知县

萧时中　万历二十八年庚子（1600 年）知县

邹国鉴　万历二十八年庚子（1600 年）学正

但宗皋　天启元年辛酉（1621 年）

陶孔志　天启元年辛酉（1621 年）知县

左文衡　天启元年辛酉（1621 年）

余忠宸　天启元年辛酉（1621 年）

郑之彦　天启元年辛酉（1621 年）

周祥麒　天启元年辛酉（1621 年）

周之元　崇祯六年癸酉（1633 年）

吴一圣　崇祯十二年己卯（1639 年）

宋之盛　崇祯十二年己卯（1639 年）

陈献赤　崇祯十五年壬午（1642 年）

潘厚本　崇祯十五年壬午（1642 年）

赵伯荣　崇祯十五年壬午（1642 年）

清

胡世则　顺治三年丙戌（1646 年）新昌知县

杨宗翰　顺治八年辛卯（1651 年）鱼台知县

钱正振　顺治十四年丁酉（1657 年）

干建邦　康熙二十六年丁卯（1687 年）

宋必汉　康熙三十二年癸酉（1693 年）溧阳知县

宋必元　康熙五十九年庚子（1720 年）

干运昌　雍正元年癸卯（1723 年）

陶　嘉　雍正元年癸卯（1723 年）

胡南藩　雍正二年甲辰（1724 年）

宋士宗　雍正四年丙午（1726 年）

陈正昱　雍正十三年乙卯（1735 年）

邹　鉴　乾隆六年辛酉（1741 年）

干运恒　乾隆十二年丁卯（1747 年）

干从濂　乾隆十二年丁卯（1747 年）

吴起铎　乾隆十五年庚午（1750 年）

陈翰爵　乾隆十七年壬申（1752 年）德安教谕

邹　铨　乾隆二十一年丙子（1756 年）

胡宗孟　乾隆二十一年丙子（1756 年）

程　洛　乾隆二十五年庚辰（1760 年）

熊大士　乾隆三十年乙酉（1765 年）

查　浩　乾隆三十年乙酉（1765 年）长泰知县

项家达　乾隆三十三年戊子（1768 年）

熊大有　乾隆三十五年庚寅（1770 年）

查复经　乾隆三十五年庚寅（1770 年）

曹龙树　乾隆三十六年辛卯（1771 年）

陈玉森　乾隆四十二年丁酉(1777 年)

胡运聪　乾隆四十四年己亥(1779 年)

汪回澜　乾隆四十五年庚子(1780 年)

周家俊　乾隆五十一年丙午(1786 年)

干朝杰　乾隆五十三年戊申(1788 年)

罗克藻　乾隆五十四年己酉(1789 年)

何承绪　乾隆五十九年甲寅(1794 年)密云知县

查振旗　嘉庆三年戊午(1798 年)

项邦枚　嘉庆三年戊午(1798 年)麻哈知州

干朝枢　嘉庆五年庚申(1800 年)广昌教谕

查大朋　嘉庆六年辛酉(1801 年)

陈昌熊　嘉庆十五年庚午(1810 年)

干朝楹　嘉庆十八年癸酉(1813 年)

沈后乐　嘉庆二十四年己卯(1819 年)

汪自清　道光五年乙酉(1825 年)

干廷煦　道光八年戊子(1828 年)

查似璧　道光十一年辛卯(1831 年)

曹征甲　道光十四年甲午(1834 年)东乡训导

刘熙敬　道光十七年丁酉(1837 年)武乡知县

李涵英　道光二十三年癸卯(1843 年)南昌教谕

彭凤翎　道光二十六年丙午(1846 年)临川教谕

胡敬垣　道光二十六年丙午(1846 年)

潘先珍　咸丰二年壬子(1852 年)同知

熊安澜　咸丰二年壬子(1852 年)

郑奠邦　咸丰二年壬子（1852 年）
胡海章　同治六年丁卯（1867 年）

武　举

明

熊晋扬　嘉靖年间（1522—1566 年）
朱鼎扬　万历年间（1573—1620 年）副榜

清

周子锡　康熙二十年辛酉（1681 年）
干平邦　康熙五十九年庚子（1720 年）
高相国　雍正十年壬子（1732 年）
陆清远　乾隆四十五年庚子（1780 年）孟寿都司
陈步升　道光十七年丁酉（1837 年）南昌把总
刘光玉　道光十七年丁酉（1837 年）

贡　生

宋

赵若玥　度宗（1264—1274 年）朝人
程　章
赵时源　安仁训导
黄　杭　嘉定六年癸酉（1213 年）漕贡

赵时毅　理宗（1224—1264 年）朝人

于　宜　太常监业

赵时毅　理宗（1224—1264 年）朝人

张　柽

杜　洗

郭思圣　兰溪二尹

郭叶文　县尹

查坦夫　临清知县

郭　诚　永春二尹

查希稷　泷水教谕

李国宝

李应籍

周献信

元

赵绍鸾　同知

左贵明　彭泽教谕

王　隆　增城主簿

胡　安　忠州判

胡　郁　县丞

张　远　县丞

李　常　县丞

程　鉴　主簿

殷　荣　经历

吴　芸　知县
郭　俊　典史
陶　林　知县
杜　徽　县丞
胡文辅　经历
王　华　四会知县
陶　潼　仓使
黄　玠　古田知县
张　清　训导
刘　瑄　训导
杨　春　知县
彭　连　仓大使
张　瑯　仓副使
万　志　凤阳训导
周　铭
邹　瑾　经历
龚　锦　评事
周　真　县丞
钱　用　知县
荣　春　知县
范　兴　通判
熊　祥　检校
刘　铨　知事
陈朝宗　知事

余　勋　进贤训导

熊　琥　训导

吴　昊　序班

钱天蒙　主簿

吴　珊　归安县丞

鲍　宣　主簿

陈　崧　理问

邹　理　提举

钱启朴　主簿

张　琏　经历

黄　谷

张　瑾　训导

刘文明　知县

朱　炅　教谕

左贵显　丰城教谕

黄　石

朱　英　杭州路总管府同知

周　暹

左　言　河南府经历

周兴八

周元隐

汤伯伍　吉安教谕

左　雍

沈赤光

查　昂

左　京　桐城知县

左　杰　归德府州判

李大裕

明

黄　珏　洪武二年己酉(1369 年)安东教谕

于　定　洪武年间(1368—1398 年)广东训导

罗　栻　洪武年间(1368—1398 年)兴化知县

李春任　洪武年间(1368—1398 年)知县

黄　哲　永乐三年乙酉(1405 年)洛阳知县

龚有燧　永乐年间(1403—1424 年)

胡　灼　永乐年间(1403—1424 年)

胡　朴　永乐年间(1403—1424 年)

胡庭仁　永乐年间(1403—1424 年)嘉善知县

熊维嵩　永乐年间(1403—1424 年)郴州判

李春鼎　永乐年间(1403—1424 年)

彭有光　永乐年间(1403—1424 年)

查　杭　宣德四年己酉(1429 年)

黄汝京　宣德五年庚戌(1430 年)直隶教谕

左希颜　宣德年间(1426—1435 年)别驾

蔡世臣　正统年间(1436—1449 年)

共雨公　正统年间(1436—1449 年)高州教谕

黄　桢　正统元年丙辰(1436 年)归州司训

殷仲礼　　正统九年甲子(1444 年)孝感知县

于　映　　正统九年甲子(1444 年)三中副榜

郭卫廷　　正统九年甲子(1444 年)三中副榜

钱　琥　　成化年间(1465—1487 年)嵩县知县,复湖广训导

熊　仙　　弘治元年(1488 年)教授

宋之盛　　弘治元年(1488 年)两中副榜

左日宾　　弘治元年(1488 年)两中副榜

陶孔时　　弘治元年(1488 年)三中副榜

黄禄堂　　弘治十五年壬戌(1502 年)

胡廷辉　　弘治十七年甲子(1504 年)慈利知县

陶一贯　　嘉靖年间(1522—1566 年)

夏之时　　嘉靖年间(1522—1566 年)年州别驾

袁友德　　嘉靖年间(1522—1566 年)襄阳知县

黄　煊　　嘉靖四年乙酉(1525 年)湖广知县

陆　厢　　嘉靖七年戊子(1528 年)

黄　秋　　嘉靖七年戊子(1528 年)荆门州学正

钱　选　　嘉靖三十一年壬子(1552 年)

吴　儒　　隆庆年间(1567—1572 年)教授

但士驹　　隆庆年间(1567—1572 年)

李良济　　隆庆年间(1567—1572 年)四川知县

张时岳　　隆庆元年丁卯(1567 年)

查应捷　　隆庆年间(1567—1572 年)两中副榜

汪汝达　　万历年间(1573—1620 年)湖口教谕

欧阳询　　万历年间(1573—1620 年)

梅　显　万历年间（1573—1620 年）

王　儒　万历年间（1573—1620 年）衢州教谕

黄廷宝　万历年间（1573—1620 年）

蔡　润　崇祯年间（1628—1644 年）广东端州别驾

宋之隆　崇祯十七年甲申（1644 年）

宋应昌　崇祯年间（1628—1644 年）

汪　元　崇祯元年戊辰（1628 年）

陶宏中　崇祯元年戊辰（1628 年）

曹勋时　崇祯元年戊辰（1628 年）

胡承祖　县丞

刘　春　知县

潘　庄　理问

刘　演　吏目

王　崇　吏目

刘　澄　县丞

何　肇　经历

陶　伟　经历

蔡　端　知县

潘　镛　知县

蒲　询　知县

蒲　询　经历

胡　质　训导

何　敬　训导

钱孟琥　教谕

熊　宝　琼州同知

胡　让　训导

谭　兴　训导

万　侔　训导

徐仲信

查　伦　合肥知县

徐致中

徐珍堂　婺源教谕

但友仑

但贞元

钱昌政

徐致道

张朝阳

汤学贵

张　彬

汪成龙　丰城教谕

张　昶

陶乐珂

张仲清

黄纯一　教谕

黄　桧　台州县尉

郭　烁　临江教谕

吴崇儒　教谕

黄道隐

胡龙门　峡江教谕

钱天充

宋代彝

周孟典　莆田知县

项良宗　教谕

宋　炯

陈　绍

姜仲耀

周之汶　抚州教授

傅征筑　九江教授

傅未孩　德化教谕

傅百荷

傅辅璜

萧景哲

高　昌　教授

叶时芳　教谕

张衣翼　知事

杨　恺　经历

李　仑

张文宪　教谕

吴尚礼　一作监生

吴尚文　湖州知事

胡　诏

钱一鹗　桃源知县

赵廷宣　训导

杨　新　训导

查　壆　河南训导

陆　玺　训导

艾　时

龚　行　知县

朱允隆　奉节知县

殷　婺　安溪知县

吴　伦　检校

干　让

钱天阖　理问

张　铨

张　万

钱昌教

钱良储

汪文海

广　育　训导

张廷桂　常州照磨

程时泰　通判

钱天臣　县丞

龚　汉　训导

刘　浚　州同

彭　魁　经历

沈　镖　县丞

彭 莹

钱天韶　教谕

钱天吉　知县

朱 安

于 愈　吏目

殷 谦　知县

夏 正　训导

熊惟嵩　判官

梅时用　县丞

李 凤　茂名知县

左 端　推官

刘德广　经历

高 俨

欧阳葵　经历

黄 顶　主簿

钱 诰

殷廷选　教谕

胡 锾　信阳经历

刘 麒

李 鳌　清江教谕

汪 环

汪景清

汪廷信

叶 林

程　相　判官
胡　云　知县
李　玺　教授
钱　熬　州同
黄廷城　教谕
赵　德
梅　滨　通判
胡　钧　照磨
刘　竣　经历
余士龙　训导
郭　蕙
帅广贵
李　乔
查　重　嘉定州判
张　魁
吴道济
钱天註
李春生
钱天性　教授
吴国麟　主簿,赠知县
龚　瑚
刘大宾
汪志尧　县丞
缪建和　教谕

汪景隆

缪　昌　训导

何忠旌　训导

汪元瀚　同知

汪志密　知县

吴国鼎　教谕

邹　鹏　教谕

汪元勋　通判

汪元本

刘文海　教谕

查　铠　教谕

吴　儒　教授

余士骥　训导

欧阳震

黄　冕　教谕

余士皋　教谕

左希明　教授

吴国印　州同

刘儒缙　县丞

程　栋　县丞

吴国正　教谕

查　堪　辰州经历

刘廷和

汪汝命　通判

袁德懿

陈　洋

刘　稷

钱天选　教谕

吕　吉　教谕

汪元清　吏目

宋　暄　县丞

左希汤　吏目

罗　杕　兴化知县

左希文

左希舜　工正

汪文正　知县

梅　澹　教谕

刘　都　经历

赵愈充

李朝相　县丞

左　极　纪正

钱　莹

胡　稻　教授

吴国用　教谕

熊　祚　训导

黄一清　教授

胡　潮　训导

周尚友　教谕

吴希尹　训导

吴希孟　教授

钱　钝

胡　琳

万　镒　主簿

查　仁　新城教谕

程　譓

程克仁

余东照

宋汝器　州判

殷廷选　教授（前有此名，为不同者）

黄　光　教授

查　炯　高州同知

蔡　球

钱　运　教谕

夏　寅　教谕

潘　瓒　乡饮大宾

陈　耀　审理

袁国礼　训导

查　镗　荔蒲知县

左三乐　训导

左三畏

胡　铣　松江训导

干　标

张大辂　通判

左三德　训导

万嘉言　德安教谕

张希周　教授

李　盈　教谕

陶　鹏　教谕

查　埜　文昌知县

萧　韶　训导

查　熹　训导

殷　谏　训导

龚　治　教谕

干　懋　光山知县

胡仲仁　主簿

缪廷相　训导

蔡　琅　训导

罗　袍

查　北　闸宫

邹　沤　训导

徐正泰

殷　师

钱　遴　知县

曹　澜　芜湖和县

郭　卫　教谕

李思中　赣州教授

钱　明　教授

刘　学　训导

郭卫墀　州判

郭　燃

杨一鸣　训导

袁　文　广东教谕

袁　泮　杭州司训

袁　炳

袁汝焕

陶光祚　经历

郭　焞

胡拱华　仁和教谕

黄　裳

钱应龙　知县

汪惟教　同知

但宗说

万昌言　山西知县

熊季阳　教谕

左文金　训导

殷尚静　知县

查司训　宁乡教谕

左四表　纪善

熊冬阳　教授

夏　霶　教谕

郭　宸　知县

夏应举　教授

熊春阳　教谕

宗家相　桐城知县

傅朝望　教授

黄　鍈　教谕

夏　仲　教谕

陈　珍　知县

陈文宗　知县

袁尧佐　教谕

殷尚武　教谕

周良翰　建德教谕

林　椿　教授

查　浙　经历

萧凤鸣　教谕

余经元

陈克恭

董　国

郭卫上　州判

郭　秋　教授

吴道冲　通判

殷敬阳　教谕

吴道统

宋元泰

余保赤

刘云序　通判

刘任重　教谕

潘端本　教谕（"端"一作"崇"）

徐　震　兖州尉

万　斌

林士俊

吴载道

徐熙进　德州知州

潘大佑　教谕

万　枕　德化教谕

徐　暹　浙江训导

余有光

崔应世

钱昌旦　袁州教授

萧凤翔

徐　卿

徐熙逊　德州学正

潘大化　教谕

郑司牧

宋　策

钱应选　经历

袁友德　教授

宋　机

邹惟瓒	江都知县
钱居广	
胡腾蛟	峡江教谕
傅良知	
刘麟序	教谕
宋大美	教谕
傅良心	
萧士毅	
黄士甲	
胡来同	
干　仁	教谕
查汝进	
殷德阳	饶州教授
黄　樏	
黄　栋	临海县尉
赵思武	吉安教授
左　皆	
左　运	白鹿洞主讲
左　麟	福建知事
陈世英	饶州教谕
李　渐	
程万殊	礼部儒士
汤如松	
刘赤裔	德兴训导

胡庭显　德教谕,升知县

黄希孔　铨司考中府三尹

郑添衢

于人存

王秉义　信阳知州

王羲堂　福建陵海尹

胡　文　宁德主簿

查信默　零陵知县

查　澳　扬州教谕

查　锡　惠州司训

查廷璧　泗州同知

查廷玮　扬州教谕

张炷堂

夏日昌　宁都训导

郑文弼

郭　铭

姜应时

熊　祥

郭怿仕　教谕

郭　恺

陈　紃

郭卫都

胡　述　教谕

胡　榛

陈钦广　同安县丞

尹仲斌

李　瑚

夏　兰

殷廷凤　教谕

江　锦　广东巡宰

袁德宏　建安知县

袁国选

胡中正

黄　维　新化知县

黄　钺

黄　楼

邹文彦

殷　革　知府

钱启瀛　知县

查仲仁　教谕

郭九经　知州

郭九式　经历

潘大佐

邹国相　武城知县

邹国卿　温江知县

殷尚禹

宋士宾

袁　泮　训导

胡　秀　照磨

尹仲畏　弘治年间（1488—1505 年）优贡

清

项良钦　教谕

萧士芬

余保国

吴应台

邹应时　教谕

邹之彦

孙　仪

吴立蕃

陈复处

潘知本（"知"一作"和"）

蔡干臣

蔡五臣　教谕

蔡应元　教谕

胡来弼

周之文

殷　潜

曹　英

邹缺名

万人往　知县

拔 贡

萧士宏

熊秉泰　乾隆三十年乙酉(1765 年)

钱光钺　乾隆三十四年己丑(1769 年)

查孝慈　乾隆三十四年己丑(1769 年) 重庆府经历

胡来辅

邹之升　乾隆四十二年丁酉(1777 年)新建教谕

张文瑞　乾隆五十四年己酉(1789 年)

萧　荣

曹存英　乾隆五十七年壬子(1792 年)崇仁教谕

曹亦庸

左　京　桐城知县

左　杰　归德州判

胡昌华　同治九年庚午(1870 年)授县丞

查广桂　康熙元年(1662 年)

陶尔圻　康熙二年癸卯(1663 年)

萧　韶　康熙八年己酉(1669 年)□氏知县

胡文藻　康熙三十二年癸酉(1693 年)

干从纯　康熙四十四年乙酉(1705 年)南丰训导

曹跃渊　康熙五十六年丁酉(1717 年)石城教谕

项邦槐　雍正七年己酉(1729 年)奉新教谕

詹代楠　雍正七年己酉(1729 年)

吴运琳　康熙二十年辛酉(1681 年)

干廷熨　康熙四十四年乙酉(1705 年)

张树德　康熙五十六年丁酉(1717 年)安仕教谕

彭世杰　雍正七年己酉(1729 年)

查正杰　咸丰十一年辛酉(1861 年)

干应汉　光绪十二年丙戌(1886 年)以下副贡

柳文标　光绪十三年丁亥(1887 年)邵武通判

陶　嘉　顺治五年戊子(1648 年)

干经邦　顺治十一年甲午(1654 年)上犹训导

李之辉　顺治十四年丁酉(1657 年)

陈步三　康熙八年己酉(1669 年)

陈龙光　乾隆二十一年丙子(1756 年)

项鸣凤　康熙五十年辛卯(1711 年)

李　清　康熙五十二年癸巳(1713 年)

陈秀甲　雍正九年辛亥(1731 年)

干鸿新　咸丰九年己未(1859 年)

邹春焕　同治元年壬戌(1862 年)

钱正心

岁　贡

蔡　值　东乡训导

孙　仪

胡汝顺

杨　镒　临海县丞

熊友庆

徐孟浩　丰城训导

宋之微　（一作拔贡）

干　特

李联元

郭华然

熊应玉

邹士志

李　撝

郑国杰

郭峋然

熊璋美

崔国诏

汪　鼎

万人杰

崔国礼

万德峻

万　侔　训导

黄　甲

陈　彦

熊光琳

查　轩

熊日汉

查日扬

熊宗适

陈廷泰

邹之爽

熊　城　乐安训导

宋必拔

宋代瓒　上饶训导

徐　枚

万　会

蔡稽生

黄屿生

蔡一圻

殷玉振

陈献珌

万　昶　教谕

胡重华　康熙十五年丙辰(1676 年)候选经历

杨　熺

潘端本

周德岩　康熙二年癸卯(1663 年)

宋士衢　康熙三年甲辰(1664 年)

干迪邦　康熙七年戊申(1668 年)萍乡训导

胡靖启　康熙十一年壬子(1672 年)

干运甲　会昌训导

干运昱

欧阳凤　上饶训导

宋秉敬　上饶训导

尹如醇

吴定中

宋必亨

吴应甲

程应璜　戈阳教谕

崔自拔

陈　璧

姜世芳

陈元勋

黄元凤

熊迪远

胡南渶　康熙十四年乙卯(1675年)

胡惟政　教谕

吴世璋　康熙十五年丙辰(1676年)

黄利泮　康熙十八年(1679年)德安训导

程廷驹　康熙十八年己未(1679年)

宋秉忠　康熙二十二年癸亥(1683年)会昌训导

赵嗣普　康熙二十三年甲子(1684年)

徐必上　康熙二十六年丁卯(1687年)万载训导

万廷宝

姜有芳　康熙三十四年乙亥(1695年)

邹崇山　康熙三十五年丙子(1696年)

熊 罴　康熙三十六年丁丑（1697 年）

郑之芳　康熙三十九年庚辰（1700 年）

钱光瓒　康熙三十九年庚辰（1700 年）

徐鹤龄　康熙三十九年庚辰（1700 年）铅山教谕

徐必达　康熙四十年辛巳（1701 年）

左承英　康熙四十年辛巳（1701 年）

熊 庚　康熙四十一年壬午（1702 年）

刘邦英　康熙四十五年丙戌（1706 年）

钱 谷　康熙四十六年丁亥（1707 年）

程文焕　康熙五十年辛卯（1711 年）

张元楫　康熙五十一年壬辰（1712 年）乐安训导

殷 鼎　康熙五十二年癸巳（1713 年）

王士聪　康熙五十四年乙未（1715 年）

张星兆　康熙五十六年丁酉（1717 年）南康训导

熊得桂　康熙五十六年丁酉（1717 年）

熊正翔　康熙五十九年庚子（1720 年）

陈爵纯　康熙六十一年壬寅（1722 年）吉安训导

陈 英　长宁教谕

胡南藻　雍正三年乙巳（1725 年）

干运祺　雍正四年丙午（1726 年）

李中秀　雍正五年丁未（1727 年）

熊大渠　雍正八年庚戌（1730 年）

查 淦　雍正十年壬子（1732 年）

宋秉烈　雍正十一年癸丑（1733 年）

熊正翔　雍正十一年癸丑（1733 年）

宋士俊　雍正十二年甲寅（1734 年）

项家学

傅日升　雍正十三年乙卯（1735 年）

曹　幹　乾隆二年丁巳（1737 年）

张作舟　乾隆三年戊午（1738 年）

张作魁　乾隆三年戊午（1738 年）

郭士理　乾隆四年己未（1739 年）

干从诰　乾隆五年庚申（1740 年）

雷　豫　乾隆六年辛酉（1741 年）

陈爵墉　乾隆七年壬戌（1742 年）

艾乃璋　乾隆九年甲子（1744 年）

项邦桂　乾隆十二年丁卯（1747 年）

琚廷泮　乾隆十三年戊辰（1748 年）

李有筠

吴景柏　乾隆十三年戊辰（1748 年）

徐玉瑜　乾隆十四年己巳（1749 年）

雷大英　乾隆十四年己巳（1749 年）

陈舆权　乾隆十五年庚午（1750 年）

宋秉衢　乾隆十六年辛未（1751 年）

李培荣　乾隆十八年癸酉（1753 年）

查振桂　乾隆十九年甲戌（1754 年）

余朝阳　乾隆二十年乙亥（1755 年）

沈佑璋　乾隆二十年乙亥（1755 年）

邹朝瓒　乾隆二十一年丙子(1756 年)

查复玙　乾隆二十二年丁丑(1757 年)

殷凤滨　乾隆二十四年己卯(1759 年)

汪　浩　乾隆二十四年己卯(1759 年)

陈秉忠　乾隆二十五年庚辰(1760 年)

陈殿飏　乾隆二十六年辛巳(1761 年)

项邦柱　乾隆二十六年辛巳(1761 年)

钱林炯　乾隆二十六年辛巳(1761 年)

徐　钿　乾隆二十七年壬午(1762 年)

宋正瀚　乾隆二十九年甲申(1764 年)

袁廷楫　乾隆三十一年丙戌(1766 年)

宋秉崧　乾隆三十一年丙戌(1766 年)

陈　焕　乾隆三十四年乙酉(1769 年)

袁友松　乾隆三十四年乙酉(1769 年)

胡　鹍　乾隆三十五年庚寅(1770 年)

干　鸿　乾隆三十六年辛卯(1771 年)

汪　镇　乾隆三十八年癸巳(1773 年)

夏学森　乾隆四十一年丙申(1776 年)崇义教谕

李迪光　乾隆四十一年丙申(1776 年)

崔运通　乾隆四十二年丁酉(1777 年)

欧阳植　乾隆四十四年己亥(1779 年)

彭凤朝　乾隆四十六年辛丑(1781 年)

陈用金　乾隆四十七年壬寅(1782 年)

彭凤翎　乾隆四十八年癸卯(1783 年)

周正钦　乾隆四十八年癸卯(1783 年)

陈大训　乾隆五十年乙巳(1785 年)

宋秉赞　乾隆五十一年丙午(1786 年)

陈梦龄　乾隆五十三年戊申(1788 年)

陈晋昌　乾隆五十四年己酉(1789 年)

郭玉树　乾隆五十五年庚戌(1790 年)

罗文蔚　乾隆五十七年壬子(1792 年)

陈尹东　乾隆五十七年壬子(1792 年)

干端赞　乾隆五十九年甲寅(1794 年)

项显琛　乾隆六十年乙卯(1795 年)

余　鸿　嘉庆二年丁巳(1797 年)

彭凤城　嘉庆三年戊午(1798 年)

汪东洛　嘉庆三年戊午(1798 年)

何焯然　嘉庆五年庚申(1800 年)

宗维翰　嘉庆五年庚申(1800 年)

干端钰　嘉庆七年壬戌(1802 年)

李享泰　嘉庆九年甲子(1804 年)

刘燃敬　嘉庆九年甲子(1804 年)

蔡锦涛　嘉庆九年甲子(1804 年)

张国瑞　嘉庆十年乙丑(1805 年)

熊大鹏　嘉庆十一年丙寅(1806 年)

张　信　嘉庆十三年戊辰(1808 年)

彭世溥　嘉庆十五年庚午(1810 年)

仕　籍

清

潘先珍　咸丰二年壬子（1852年）优贡本科第一名举人，
　　　　任四川同知

杂　途

宋

赵克良　隆兴二年（1164年）永昌都守

赵楫夫　嘉定元年（1208年）运使

赵时元　宝祐元年（1253年）经历

赵忠贤　景炎二年（1277年）内川典史

陈　柜　江夏令

查惟微　提干主簿

赵宾贤　四川通判

查元赏　秘书丞

于匡直　安乡主簿

于中规　袁州判官

于勋臣　建德县令

陶　察　鼎州推官

查元素　永丰县令

查循之　广州知州、大理评事
查阳凤　龙兴主簿
陈　畦　靖州判官
于　困　司经、检讨
于雷复　知汉阳军
查仪凤　祁阳知县
于文珍　黄冈县令
于云峰　饶州郡守
张　洽　松滋县尉
于有善　广东县令
陶　泉　湖广主簿
查奇凤　英德州判

元

左玉如　香山县尹
左玉文　武昌府通判
周兴道　陆川知县
周　冕　四川知县
周　旭　河南光州刺史
周南海　长沙府通判
周显一　淄川知县
周仲哲　河南刺史
余仁仲　赣州路州事

明

葛良鼎	县丞
魏景庸	巡检
赵仲英	知事
杨　炜	主簿
熊　通	主簿
周　荣	琼山县尹
曹宗勷	候选同知
王守忠	山东主簿
万　显	莱州府通判
鲍　宣	黄梅县丞
江　瀑	当涂县丞
江仲清	绍兴府经历
熊伯宗	沛县县丞
蒲以谋	绍兴知府
朱以仁	神水县丞
于仲颜	泉州州判
朱伯敷	通州通判
朱允隆	奉节县令
朱　朴	绩溪县尹
戴　镐	电白县尉
尹仲芳	县丞
尹　佑	

曹　川　县丞

程克懋　云南布经历

周　瑞　东陵知府

习　鉴　营昌主簿

金子兰　主簿

张　映　成都知县

郑叔洁　桂牙山巡检

郑子爵　巡检

于　命　广西仓大使

郭九式　辽海卫经历

郭翼衡　徐州经历

于　潮　遂溪县簿正

曹景相　归德府同知

孙　纲　开化知县

张汝洪　武昌府经历

黄贵荣　成化年间(1465—1487 年)两广总督

黄贵琥　南雄府宰

彭文梓　弋阳王府仪宾

袁国礼　长沙县司训

袁　瀚　松江知县

于　瑚　授同知

戢　澜　柳州府经历

戢　镆　荆州仓大使

刘伯升　工部主事

查志亮　考授经历

胡　铎　由庠生仕太仓卫

查　让　芜湖税课使

郭九经　增生,授光禄丞,升经历(一作贡生,知州)

曹金鳌　刑部司狱司

张九韶　宁乡县训导

张九美　青县教谕

张伯钦　卫辉府同知

傅锦山　经历

傅功禄　广东台职

傅显光　黄陂县令

傅育万　吉安府经历

胡　秀　延平别驾,迁授府尹

彭维纲　奉化典史

缪　庸　平湖知县

查　曷　后军都督仓官

袁　泗　湖广辽王府典膳

袁大经　广东香山巡检

钱启坦　长乐典史

钱昌万　安定县丞

汤伯仕　承务郎

梁　谊　嘉兴县储宰

黄　穆　陆州巡检

黄子通　巡检

刘子润　宿州卫经历

陶振昭　考选经历

缪志萦　溢江四尹

邹文俊　典史

邹国经　迪功郎

钱启瀛　溧水知县

钱启寅　高州府神电仓大使

钱　镐　浔阳司马

但君实　金华同知

汪文政　惠安巡司

汪元清　固始知县

汪元济　由吏员知太医院官

汪懋元　考授经历

汪懋灼　考授经历

张同轨　直隶吏目

张汝洪　武昌经历

张宗渊　知县

张宗海　知县

沈郁公　天策卫经历

江受二　当涂县丞

涂辛六　原籍南昌,南康教谕,后隶籍星子

查　瀛　山东巡检

陶在堂　溆浦县丞

黄懋卿　苏州通判

刘行素　拣选知县

程克懋　云南布政司经历

曹景爵　县丞

陶勋德　考授经历

宋瓛忠　校尉

宋显忠　校尉

宋　樱　校尉

宋　杙　校尉

宋　道　校尉

宋　溁　校尉

郭　恒　九江卫指挥

钱文贵　校尉、济宁州运粮使

钱子芳　校尉

查学龙　南湖营宣威将军

宋琳忠　锦衣校尉

宗　儒　绥副将

欧阳英　指挥佥事

陈士玉　康山把总

陶　继　以父尚德荫后军都事

清

张国士　电白知县

邬鼎臣　照磨，升望江知县

张昌瑞　吏员，济南经历

干从洛　阌乡县丞

张　源　钱塘典史

李子贵　县丞

张　楠　巡检

李之灿　捐知县

胡通溮　顺天通判

陈景辉　婺源知县

李代瑾　县丞

干廷元　河南县丞

胡启基　浙江从九

周　斌　广东从九

张宗海　知县

曹　秀　司狱

高维万　县丞

徐凤起　榆次巡检

徐阳泰　柏井巡检

曹煊年　两淮盐大使

陈　谟　邓州州判

邹仕慰　廪贡,辰州同知

何承纬　台湾典史升巡检

刘懋基　山西盐经历

张　春　广东巡检,迁居湖北

何懋鸿　仙游巡检

项承基　湖南知县

黄贻孙　兰溪县丞

项　钧　广东盐知事

曹　炘　巡检

熊　埒　吏员县丞

卢　奂　贡生,晋江知县

查日就　生员,县丞

张　锭　邓州知州

傅传志　湖南县丞

徐　斌　山东州同

傅绳祖　太常寺博士

刘濬川　附生保训导

张　翰　福建典史

张　模　典史

渊树勋　安陆经历,加捐通判

汪东源　湖北巡检

陈德众　附生,保训导

许光宗　巡检

朱峻泰　巡检

郭维城　附生,县丞

黄琢成　吏员,巡检

詹　焜　光禄寺典簿

徐兆兰　县丞

黄维继　广东游击

余尚文　外委把总

徐士吉　湖口千总

夏日辉　千总

陈文勋　德兴外委

周　贵　都昌汛外委把总

周　元　建昌把总

邹育龙　记名,总镇荆州千总

邹德凯　外委

陈德祥　游击,江军水师哨官

张康林　水师把总

殷达彬　江军水师哨官

魏学源　参将

干松林　湖南参将借补把总

崔春元　都司,内河水师哨官

蔡运隆　游击借补,安庆把总

陈步云　都司

左秀照　太湖水师前营哨官

黄奇意　都司内河水师哨官

余立才　都司,南昌城守,江军领哨

张金榜　参将

詹宗清　参将,江军水师哨官

黄从吉　游击,江军水师哨官

詹支杰　游击

许明玉　都司

杨顺福　瓜洲营把总

邹　福　　外委

陈荣周　　游击

周远佐　　记名总镇,湖北千总

黄庆福　　千总

徐万程　　都司

魏福兴　　守备

邹锋珍　　都司

张登元　　新建外委

邹德泰　　记名总镇,瓜洲都司

黄加升　　都司

饶成章　　江宁守备

马得功　　守备

詹金宝　　都司

易显福　　守备,江军后哨

余定秀　　守备

杨显凤　　谢师汛水师外委

余定元　　都昌汛外委把总

张匡英　　都司衔

张匡裕　　守备衔

蔡运喜　　都司衔

左世柏　　参将衔

魏学仪　　守备衔

以上资料,分别摘自《星子县志》《南康府志》《庐山志》等史志。

后　记

　　三年前,"星子历史文化丛书"编者邀请我参与丛书的编写工作,心中不免有些诚惶诚恐。星子自古以来文人代出,翰墨流芳,著述浩瀚,碑碣辉煌。我虽在一生研究庐山文化的父亲影响下,耳濡目染,爱上了文史工作,又由于一直从事文化工作三十多年,也接触到一些本土文化,但要独立编写成书,还是有些力不从心,加之单位杂事多……后为主编所说服,只好恭敬不如从命。之前我拟编"星子风俗民情",心里还有点底,后因风俗民情已有人编写,我便负责《星子人物》一书。

　　这可难煞我也,人物不好写,人物性格、才情诗意难归纳,而历史人物在《庐山志》和《星子县志》里都只有比较简略的记载,古代人物的资料需要查找许多参考书。有的人物即便是查找了史料到头来仍是非常简单,少有所获;有的人物,查找到寥寥几个字,你却得花很长的时间去研究它、读懂它;还有很多人物不乏名气,但除了姓名、出生地与年代以外,什么也查不到,真的是巧妇难为无米之炊，书到用时方恨少。但这也让我对庐山人文有了更多的了解，学得了更多的知识。

在编写过程中我参考和使用了《历代名人与庐山》《美丽的星》《庐山志》《星子县志》，胡生寅、宋崇凤、张起熙、陈再阳、李大池、黄爱和等先生文章中的史料，在此一并表示感谢！

2018 年夏

跋

　　星子县依匡庐临鄱阳湖，独特的地理位置与自然风光，使这里名流过往，人文荟萃。从北宋初到1914年，在近千年的岁月里，鱼米之乡的星子一直是南康府（军、路）府治所在地，因而文化底蕴尤为丰厚。可是，随着社会的转型与剧变，我们熟悉的、充满农耕文明诗情画意的家乡渐渐变得陌生。一百多年前，清末重臣李鸿章感叹中国面临"三千年未有之大变局"。改革开放以来，中国社会又一次面临大变：农耕文明渐行渐远，负载着历史信息的物质与非物质传统文化在城乡巨变的进程中逐渐被遗忘，星子也不能例外。

　　文化是一个国家、一个民族的灵魂；文化兴则国运兴，文化强则民族强。为了留住历史的文化基因，感受传统，怀着对家乡历史的深情与敬意，我们抢救性地编写了这部历史文化丛书。因为一旦这一代人老去，要编写这类书就会更加困难。地域文化是历史、地理和行政区划沿革的产物，它基本上沿袭了千百年。一个地域的生态、资源、人口、经济等诸种因素结合在一起,人们在同样的环境中长期交往、聚居,形成了具有自身特色的地域文化。今天,"乡愁"是一个丰富了内涵与扩大了外延的名词,因此这又是一部乡愁丛书,它全景式地展示了星子的历史文化和地域风情,承载着人们对家乡故土的怀念与眷恋。

编写这部书稿的念头始于 2014 年初。几经筹谋,2015 年 3 月初,我与编委和作者们首聚,定丛书名为"山南历史文化丛书",并对各册编写进行了分工。不久我受邀主编《东林寺志》,不得不将精力放在寺院志上。2016 年夏《东林寺志》完稿,我这才有空关注这部丛书。出于诸种缘由,作者与书目后来有所调整:原定程湘达先生辑注的《摩崖碑刻》改由陈再阳负责;李代池先生撰写的《古村集镇》改由我接替。

这部百万字书稿的出版,经费也是一件大事。2016 年秋我偶然结识了三叠泉景天旅游公司(今改为北京景天国际旅游开发有限公司)的总经理景艳金,他与我同宗,辈分上属我的小弟。得知这部书稿的经费尚未落实,他慨然应允,这使我放下了心中一桩大事。不料第二年突生变故,景天公司陷入困境,但艳金依然几次表示他的承诺不变。我感激他的担当与文化追求,作者们也加快了丛书的编写进度。

2016 年 5 月 30 日,星子县与庐山合并,有着一千多年历史的县名从此消失,令人怅然若失。由于这一变化,我们将原来的"山南历史文化丛书"改名为"星子历史文化丛书",以纪念消失的县名。

丛书编委会成员多为星子籍或长期工作在星子的老同志，他们参与了丛书的组织与谋划。编委与作者们分居九江、星子两地，几年来他们共同参加书稿研讨会。欧阳森林先生更是在联络作者、安排会址、搜寻资料等方面做了许多工作。

九江市市长谢一平曾任星子县县长，他对"星子历史文化丛书"的编写与出版给予了肯定和赞许，对此我们表示感谢。

丛书顾问胡振鹏先生曾任江西省副省长，他和我同在星子县城长大，均少时家贫。他居城东南黄家巷，我居东大街。对家乡的历史文化，他一向怀有诚挚的桑梓之情。

我们也感谢庐山天合谷旅游公司对丛书出版的帮助。

丛书的编写与出版得到了江西人民出版社的热情关注与指导，副社长章华荣和责任编辑徐明德、徐旻、陈茜、王珊珊诸君为丛书的出版倾注了大量精力。在此，我们深表谢意。

丛书中有些照片和资料图来源于网络，特此说明并致谢意。也感谢所有为丛书的编写和出版提供帮助的单位与个人。

景玉川

2018 年夏于九江

图书在版编目(CIP)数据

　星子人物 / 徐青玲著. －－南昌：江西人民出版社，
2019.12
　(星子历史文化丛书)
　ISBN 978－7－210－11177－1

　Ⅰ．①星… Ⅱ．①徐… Ⅲ．①历史人物－名人－生平
事迹－星子县－古代 Ⅳ．①K820.856.4

　中国版本图书馆 CIP 数据核字(2019)第 024531 号

星子人物　　　　　　　　　　　　　星子历史文化丛书

徐青玲　著

组稿编辑:章华荣
责任编辑:陈　茜
出　　　版:江西人民出版社
地　　　址:江西省南昌市三经路 47 号附 1 号
邮　　　编:330006
发　　　行:各地新华书店
编辑部电话:0791－88677352
发行部电话:0791－86898815
网　　　址:www.jxpph.com
2019 年 12 月第 1 版　2019 年 12 月第 1 次印刷
开　　　本:880 毫米×1230 毫米　1/32
印　　　张:4.875
字　　　数:100 千字
ISBN ISBN 978－7－210－11177－1
赣版权登字—01—2019—414
版权所有　侵权必究
定　　　价:30.00 元
承 印 厂:南昌市红星印刷有限公司
赣人版图书凡属印刷、装订错误,请随时向承印厂调换